普 天 之 下 ・ 盡 是 好 書

普天出版家族
Popular Press Family

凌雲文創
A-Plus Creative Company

明朝實在很爆笑 全集

史上最八卦、最麻辣的明朝正史

In fect, Ming is Interesting

《明朝其實很有趣》全新精修典藏版

上卷

霧滿攔江——著

孤狼王朝・蹊蹺帝王

大明王朝，十三位傑出狠厲或淒慘平庸的統治者，一段既混亂也輝煌的複雜歷史。
漫漫兩百多年間，有人格分裂或者娘娘腔的帝王、連皇上都害怕的凶悍小保母、
長命百歲的奸臣、死於非命的忠臣、一蹴而就的暴發戶、
懷抱空想主義的民主鬥士……

各種千奇百怪的人物，交織成一張撲朔迷離的大網，將整個朝代包裹其中，反倒令人難窺全貌。
試問，這究竟是個什麼樣的王朝？
且看霧滿攔江再展煮酒論史的不凡筆力，縱橫捭闔，嘻笑怒罵，透過對歷史事件的嶄新解釋，
輔以對帝王、臣子、百姓的精確剖析，為你重現中國最後一個漢人王朝的鮮活面貌。

◆出版序◆

八卦又麻辣，這就是明朝！

十三位各帶變態基因的帝王一字排開，十三段各有千秋的紛亂歷史，只怕你不看，不怕你看不出趣味來。真的，明朝其實很有趣。

大明，中國最後一個漢族王朝。

它既不像漢朝、唐朝那樣光輝燦爛，形同民族的標籤，也不像大秦、元代那樣有過舉世震動的宏偉建築、赫赫武功。更不像清朝，在與其他國家打交道的過程中，遭受到數之不盡的屈辱。

可儘管如此，一直以來，它始終是衆多史學家的目光焦點所在。

爲什麼？

這個問題，若答不上來，建議你抽時間看一看霧滿攔江的《明朝實在很爆笑》，答案就深藏其中。若答得上來，你同樣需要看一看這本書，因爲啊，真相……好像不是你想像的那樣……

大明王朝，十三位傑出狠厲或淒慘平庸的統治者，一段既混亂也輝煌的複雜歷史。漫漫兩百多年間，有人格分裂或者娘娘腔的帝王、連皇上都害怕的凶悍小保母、長命百歲的奸臣、死於非命的忠臣、一蹴而就的暴發戶、懷抱空想主義的民主鬥士……各種千奇百怪的人物，交織成一張撲朔迷離的大網，將整個朝代包裹其中，反倒令人難窺全貌。

試問，這究竟是個什麼樣的王朝？

霧滿攔江，江湖人習稱老霧，中國大陸最大的網路論壇「天涯」重量級人物之一，縱橫「舞文弄墨」版多年，以蘊藏深刻見地於辛辣俏皮文字的獨特風格樹立起名聲，立論尖銳而言語幽默，品之有味，擲地有聲，博得「最牛說書人」之號。

讀他的作品，圖個輕鬆痛快可以，要想深入推敲咀嚼同樣沒有問題，拿來下酒更是再合適不過。一言以蔽之：老霧出品，必屬佳作。

《明朝實在很爆笑》乃老霧繼《清朝其實很有趣》後的趣味歷史經典新作。延續一貫的麻辣寫作風格，以顛覆性觀點、諧趣的文字，將枯燥乏味的歷史變成趣味橫生的一場宮廷大戲。八卦到不行，也真實到不行。

大明的皇帝都很變態，有的崇尚血腥暴力，有的人格分裂，有的愛搞自閉；有的貪色貪財，有的帶娘娘腔傾向，有的活像古惑仔；有的好酒好色，有的刻薄吝嗇；有的喜歡當道士，有的喜歡當木匠，有的活像大白癡！

十三位各帶變態基因的帝王一字排開，十三段各有千秋的紛亂歷史，且看霧滿攔江如何再以嘻笑怒罵的麻辣筆調，揭開最真實的大明面貌。

只怕你不看，不怕你看不出趣味來。

眞的，明朝其實很有趣。

•本書是《明朝其實很有趣》全新修訂版，謹此說明

卷二 在惡狼與綿羊之間

卷五 血腥的良善之徒

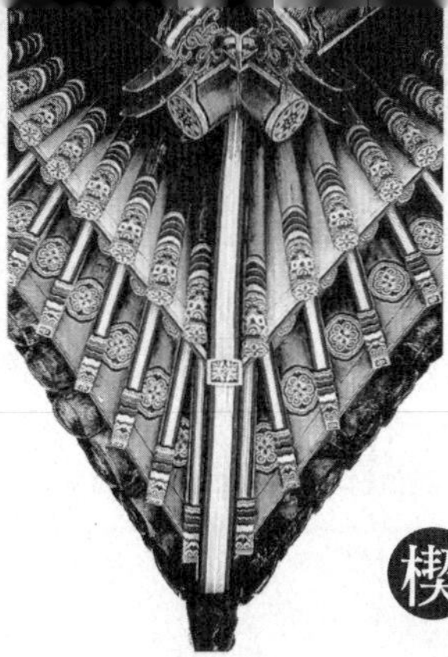

楔子

奎木狼的前世今生

嬰兒朱元璋，

在他媽的肚子裡躲了兩年零八個月之後，終於出生。

奎木狼，來了！長著超大下巴的落跑天庭保安，

開始向他的皇權之路出擊。

第1章

明太祖的無解算術題

歷史在此出現一個令人痛苦的黑洞，朱元璋的人生，有三年變得不明不白、不清不楚。這段特定的時間裡，他人在安徽鳳陽鐘離東鄉，可又不在……

大明的開國皇帝朱元璋，曾給天下人出過一道要命的算術題，題目是這個樣子的：

朱元璋說：「俺皇爹叫朱五四，他死的那一年是六十歲，而俺當時十七歲。衆位愛卿，你們來算一算，朕出生時，俺爹是多少歲？」

衆臣掐指一算，齊聲道：「吾皇聖明，你出生時，你爹是四十七歲。」

好！朱元璋一個華麗轉身，頒佈聖旨：「我爹五十歲那一年，遷到了安徽鳳陽鐘離東鄉。而俺，就在俺爹四十七歲那年，出生在鐘離東鄉。以後史書就照朕吩咐的這樣寫，欽此，謝恩。」

衆臣三呼萬歲：「萬歲萬歲萬萬歲……唉！萬歲，你爹四十七歲生你，五十歲才遷到鐘離東鄉，照這麼算，你就不應該出生在鐘離東鄉啊！陛下，你是不是弄糊塗了？」

然而千眞萬確，明史上硬是這樣記載的，朱五四在四十七歲生下朱元璋這個兒子，五十歲遷到鐘離東鄉，朱元璋生在鐘離東鄉。

誰都知道不對，無奈當時沒人敢問，皇帝啊，那是金口玉牙，他怎麼說，大家只能怎麼聽。誰敢說他算術不及格？不想混了是不是？

於是，歷史在此出現一個令人痛苦的黑洞，朱元璋的人生，有三年——實際上是兩年零八個月，變得不明不白、不清不楚。這段特定的時間裡，他人在安徽鳳陽鐘離東鄉，可又不在。

搞什麼呢？到底是在，還是不在？

事實上，那時的朱元璋的確在鐘離東鄉，同時也不在鐘離東鄉。

更正確的說法，他正處於一種極度奇特的中間狀態，介於在和不在之間，不能說在，又不能說不在。

怪了！一種居於在和不在之間的中間狀態，到底是個怎麼樣的情形？

這事，說來話就長了……

早在朱元璋正式出生前的兩年零八個月，確切年份是西元一三二五年的某個夜裡，當時的皇帝元順帝，正四仰八叉地躺在龍床上呼呼大睡，突然感覺有點異常，一股突如其來的燥熱，霎時間襲遍全身，竟讓他手腳痲軟，心神不寧。

莫非，睡前春藥吃過量了？

心裡正納悶著，忽聽一道淩厲嘯聲，猛然睜眼，就見夜空之上，一團燦爛絢麗的火花，映照出一道清晰的人影。那人頭上臀下，兩瓣肥大的屁股猶如特大號的肉錘，於高天呼嘯而下，直奔自己的腦殼來。

元順帝大駭，長聲慘叫：「不要啊！」卻聽天上掉下來那人也回以慘叫：「要啊！」跟著就是砰的一聲，臀部果然正落在腦殼上。

然後嗖的一下，那人被強大的撞擊力彈開，轟隆！一條扎手扎腳的人影擊在清德殿頂，隨後又是轟然巨響，再下來……再下來……

再下來，元順帝驟然醒轉，原來是做了一場怪夢。

夢醒之後，只覺得心臟突突狂跳，渾身是汗。正自六神無主，弄不明白究竟是怎麼一回事，就聽一大群小太監們哭叫著衝進門來，「陛下，陛下，我操！不得了，清德殿出事了！一個人樣的怪東西，莫名其妙從天上掉下來，居然把整座大殿都砸到了地底下去，地面上只留一個大深坑！」

「真的假的？我也感覺有個人落下來，先砸在我臉上，然後彈飛到清德殿那邊去……」元順帝嘴上說著，心裡卻是無論如何也無法相信。

下了龍床，出門一看，果不其然，清德殿已無影無蹤，大殿所在位置多出一個大深坑，仍兀自向外冒著嫋嫋青煙。

這到底是怎麼回事呢？

天上掉下來個大活人，究竟是夢，還是現實？他糊塗了，只得吩咐小太監，「叫國師入宮，快快快！」

那時，大元帝國的國師叫伽鱗眞，是個西域番僧。

聽了元順帝的夢，他有點頭暈，就說：「陛下，這個夢忒你娘的不正常了，那什麼，咱們用圓光術的秘法偷偷看看吧！」

「啥叫圓光術？」

「圓光術就是……說了你也聽不懂，總之吧，用這個法子，能瞧瞧天庭上是不是出了什麼怪事。照我看，陛下的怪夢不像個夢，肯定是上頭出事了，等我看一看就知道。」

伽鱗眞拿來古銅鏡、青稞酒、銅箭頭、唐卡畫等許多怪東西，焚香沐浴之後，小心翼翼地掀開蒙在鏡子上的布，往裡頭一看，頓時大叫：「我靠！陛下，不得了了，天庭上眞的出樂子來！」

元順帝急忙湊過來，「啥樂子？快點說，讓寡人也樂一樂。」

伽鱗眞將鏡子遮上，回過頭來，「陛下，這事對別人是個小樂子，可對你來說，樂子就不是一般的大了。你知道劉安吧？方才我在鏡子裡看到了他，他告訴我說……」

元順帝只覺得腦子不夠用，「等等！劉安是誰？」

「他是……唉！待我慢慢跟你解釋……」

第2章

掏糞工與星際倒爺

作為正史之一，《周顛仙傳》堂而皇之地彙集於明史之中，所有的歷史學家都要閉著眼睛認真琢磨，可除了金庸大師，誰也沒琢磨出個子丑寅卯來。

話說東漢年間——東漢？有沒有搞錯？不是說明朝嗎？

沒有搞錯，就是東漢年間，有個叫淮南王劉安的人，曾寫過一本《淮南子》，傳承至今。

且說此人在寫完《淮南子》之後，忽然覺得人世間的生活太缺乏情調，就弄了只小爐子，搞了一大堆丹藥，蹲在小黑屋裡煉起仙丹來。

未過多久，丹藥煉成，拿在手上，滑溜溜、滾突突，放在鼻尖前聞一聞，香噴噴、紅鮮鮮，咕嘟一聲吞下肚，心神氣爽，百骸俱輕，人已像氫氣球那般飛飈升空。由於藥力過猛，不唯他本人得道升了天，連帶著家裡的雞鴨鵝狗及屋舍，都一併飛升去也。

這個故事，從此留在中國的成語之中，叫：一人得道，雞犬升天。

然而，誰都沒有想到，前腳才踏上天庭，劉安就後悔了。

爲啥呢？

因爲啊，上頭的編制已經超額了，機構膨脹，仙浮於事。放眼偌大的天庭，只一個職位還有空缺——掏糞工。費盡千辛萬苦，居然跑到天上掏大糞去了——最要命的是，這糞一掏就是永遠，不能請假，沒有輪休，沒有節假日，沒有年終獎金，連辭職都不允許，你說，究竟何苦？

劉安鬱悶啊，但再鬱悶，也不能鬧情緒不工作，否則大小神仙多如牛毛，都是他的上司，都要批評他。別無選擇，只好閉著眼，流著淚，從此工作在糞坑第一線，兢兢業業，勤勤懇懇，掏糞不輟。

正所謂天上無甲子，寒盡不知年，一聲淮南子，雙淚落坑前。眨眼工夫，兩千個年頭過去了。話說有一天，他正捏著鼻子蹲在糞坑前奮鬥，忽聽吱呀一聲，扭頭一看，天庭公廁的大門被人從外邊推開，一個腦袋伸進來，「喂！哥們兒，有多餘的丹藥賣嗎？」

「賣賣賣！賣你娘個頭！」原來是個星際倒爺，他沒好氣地罵了聲，繼續掏糞。那名星際倒爺卻湊了過來，「丹藥沒有，靈符有沒有？」

「滾！」任誰掏上兩千年的大糞，火氣只能更大，不會更小。

見劉安肝火極盛，那星際倒爺撇撇嘴，「你牛什麼牛？不就一掏大糞的嗎？告訴你，老子叫周顛，乃人間散仙，別看沒天庭戶口，日子過得可比你滋潤多了。」說著一扭頭，上天庭門房找保安聊天去了。

劉安不認得周顛，不能怪他，實在是天庭上得太早，又因爲掏糞工作繁忙，顧不上繼續讀書提高自身的文化素養，沒有讀過金庸大師的《倚天屠龍記》。在這本書裡，大師描寫了元末時代中國最神秘的組織——明教。教中麇集大量的奇異人士，有紫衫龍王、青翼蝠王、金毛獅王、白眉鷹王、逍遙二仙、掌教使、五行旗使，以及五散人。

而五散人中，最好玩的是布袋和尚說不得，最鬧心的，正是周顛。

話說周顛其人，頭腦不是太清楚，武功也沒多高，經常性地和名門正派掐架，輸的時候多，贏的時候少……金庸寫的這些怪故事，卻也不是他自己瞎琢磨出來的，而是從朱元璋那邊抄來的。

我們知道，朱元璋是大明帝國的開國皇帝，同時也是一位熱愛文學的優秀青年，一位了不起的傳記體作家。他不止替自己寫了傳記，還給這位周顛專門寫了部《周顛仙傳》，記述了兩人的一系列古怪交往。作爲正史之一，《周顛仙傳》堂而皇之地彙集於明史之中，所有的歷史學家都要閉著眼睛認眞琢磨，可除了金庸大師，誰也沒琢磨出個子丑寅卯來。

總而言之，周顛，生卒年月不詳，出生地點不詳，爹娘姓名不詳，卻是明初活生生的怪人，與朱元璋的關係相當鐵。

一個怪人，何以能跟開國皇帝交上朋友？

原因就在這個故事裡——他竟然當起星際倒爺來了。偏偏天庭這玩意兒，連存在與否都還是個未知之數，你說，這讓歷史學家們如何琢磨？

用現代語言來講述，周顛是一個穿越了時空的異界人，有時候在地球上瞎溜達，有時候呢，就來到天庭這顆行星，倒賣點靈符丹藥，扮演典型的星際二道販子。

正因他的經歷如此古怪，所以朱元璋親自爲之寫傳。

也正因爲他的行蹤如此詭異，歷史學家們才都躲他躲得遠遠的，生怕說不出個名堂來，砸掉自家吃飯的營生。

第3章

保安都是臨時工

往屋子裡一看，周顛頓時倒吸一口冷氣。屋內空無一人，冷冷清清，只有一塊碩大的根雕，外表自然形成某種奇異形態，看起來像是蛟龍，又像野狼。

管你歷史學家如何害怕，周顛才不理會，這不，他跑來了天庭，找保安們閒聊去嘍！

天庭保安都是身強力壯的無業人員，一稱臨時工。最苦最累的工作是他們在扛，遇到麻煩時，上頭照例要把責任推過來，至於表彰嘉獎的好事，從來也摸不到邊。儘管如此，幾位保安的知名度，還是非常之高。

天庭上的保安，東南西北方位各派有七個，總計二十八位，天天拿著警棍來回溜達，人稱二十八星宿是也。

細細數來，分別有：角木蛟、亢金龍、氐土貉、房日兔、心月狐、尾火虎、箕水豹、斗木獬、牛金牛、女土蝠、虛日鼠、井木犴、鬼金羊、柳土獐、星日馬、張月鹿、翼火蛇、軫水蚓、奎木狼、婁金狗、胃土雉、昴日雞、畢月烏、觜火猴、參水猿、危月燕、室火豬、壁水貐。

總之，全是些奇奇怪怪的動物。

周顛興高采烈地往前走，迎面就遇到了室火豬，對他大吼：「站住！周顛，你怎麼又跑天庭上來了？不知道這是凡人不可進的地方嗎？」

他趕緊陪笑臉，「豬哥，別拿哥們尋開心，咱們誰不知道誰啊？對了，豬哥，你明明是頭豬，卻叫室火豬，天天加炭火烤著，怎麼烤了這麼多年，還沒烤熟呢？」

室火豬不屑地道：「周顛，不是本豬說你，沒文化就是丟人！老子是豬不假，卻是高溫狀態下的聚合生命體，身上常溫就有攝氏八千度。在你眼裡，老子是一隻被炭火烤著的豬，其實……唉！算了，跟你說你也聽不懂。」

周顛點頭，笑兮兮地又問：「你叫室火豬，好歹是頭豬。可那個氐土貉，他明明是一堆泥土，怎麼也成了二十八星宿？」

「你究竟懂不懂啊？」室火豬訓斥道：「聽說過寒武紀生命大爆發吧？聽說過生命從海洋走上陸地吧？氐土貉雖然是一堆黏土，但人家是有機質的鮮活生命，在天庭上當個保安怎麼了？你不服？」

「服！服！」周顛低眉順眼，「照你這麼說，氐土貉是有生命的黏土。那奎木狼是一隻木頭狼，該是有生命的木頭嘍？」

「呸！」室火豬噴了一口帶火的唾沫，「人家奎木狼那叫植物狼，以後不懂別亂說。」

「是，是。」周顛小心翼翼地繞過室火豬，卻是滿腦子的困惑。植物人聽說過，植物狼卻是頭一次聽說。

那植物狼，和植物人有什麼區別？心裡想著，人已經走到了一扇門前，見上頭寫著：值班仙員：奎木狼，周顛頓時樂了，「哈哈哈！原來就在值班室裡，快來瞧瞧植物狼長得什麼模樣？」

推開門，往屋子裡一看，頓時倒吸一口冷氣。

屋裡空無一人，冷冷清清，只有一塊碩大的根雕，外表自然形成某種奇異形態，看起來像是條蛟龍，又像一隻野狼。

奎木狼怎麼不在值班室？他幹嘛把這麼奇怪的根雕放在屋子裡？周顛心裡疑惑，走過去細瞧，不得了！那根雕竟是活的，儘管身上的木質紋絡清晰可見，嘴部卻緩慢地向外淌著鮮血。

滴答！滴答！鮮血一滴滴地落在地上，迸濺開來，驚得周顛心驚膽顫，不由得大叫起來：「不得了了，快來神啊！奎木狼他……他出事了！」

就聽嘩啦一聲，天庭保安跑來了一大堆，什麼角木蛟、亢金龍、氐土貉、房日兔、心月狐、尾火虎、箕水豹、斗木獬、牛金牛……清一色的外星怪物，吵吵嚷嚷地擠在值班室門口，都在大呼小叫：「我靠！這奎木狼眞不是個玩意兒，又溜號去地球上瞎混了！我敢打賭，這一次他去，鐵定要弄個皇帝幹幹！你們賭不賭？押一賠十，立即開盤……」

周顛瞪兩眼聽了半晌，終於聽明白了。原來這個奎木狼，把自己的植物狼身體放在値班室裡，精神意念化爲比光速更快一個意識團，去地球鬧騰去了。聽這意思，目的在當個皇帝。

皇帝……他立時留了心：人在江湖飄，還得跟皇帝一起混，混好了，最差也能弄個大將軍幹幹……

周顛心裡想著，忍不住問身邊的房日兔，「喂！兔崽子，你說奎木狼既然去了地球，那他應該長得什麼模樣？」

房日兔惡狠狠地回道：「你才是兔崽子！你們全家都是兔崽子！」

周顛咯咯樂了，「罵我算什麼本事？就知道你說不出來奎木狼的模樣。」

「我呸！」房日兔更憤怒了，「奎木狼那德性，誰不知道？你自己看清楚了，不就是生著一個超大的下巴嗎？還像鉤子一樣倒鉤出來，你要是走夜路突然碰上他，鐵定會嚇得神經短路。」口中罵著，反手扭住他的脖子，往根雕前一推，意思是讓他自己把那巨大的下巴瞧清楚。

周顛被推到根雕下，抬起頭來，不意恰有一滴血自奎木狼的下巴滴落，霎時間只覺烈焰焚身，似有一團火焰激射過來。

下一秒，就聽一聲慘嚎，周顛人已被那團火砸得頭上腳下，霎時穿越了不知多少光年的時空，直跌向地球表面。

衆保安嚇了一跳，一窩蜂擠到天庭邊上，一面向下張望，一面七嘴八舌地叫嚷：

「我賭這傢伙的腦殼要摔個稀巴爛！押一賠六，有賭的沒有……」

第4章

男人也有野生的

田豐氣惱地爬起來，罵了一聲，仔細用手一摸，頓時詫異，咦！地下的東西，怎麼像人腿？趕緊藉著穴中的火光仔細一瞧，差點大叫。果然是兩條人腿！

「事情的經過，就是這個樣子的。」大元帝國的皇宮裡，國師伽鱗眞講完故事，端起祭在銅鏡前的青稞酒，悠哉悠哉地飲起來。

元順帝呆呆地望著他，滿臉茫然，「國師，你說這一大堆亂七八糟的，究竟是什麼意思啊？朕是讓你替朕解夢。還有，清德殿到底是被什麼東西給砸到地底下去的？」

伽鱗眞一臉詫異，「陛下，豬是怎麼死的？」

元順帝搖頭，「不曉得。」

「陛下，你簡直比豬更……唉！我剛才已經說得清清楚楚，天上掉下來的東西，正是邪教壞頭目周顚。」

「不可能！活人哪會從天上掉下來？」

伽鱗眞以無限絕望的眼神看著元順帝，「陛下，你到底是缺心眼，還是心眼不夠用？你自己明明說過的，周顚掉下來，屁股先是砸到你的腦袋上，被彈開之後才擊中清德殿，把大殿給砸進地面。」

「國師，今天朕就把國家機密跟你說了吧！朕是有點缺心眼，也確是有點心眼不夠用。這等機密的事情都能告訴你，可你今天就是打死朕，朕也不信天上掉來的是一個大活人。」

「陛下，怎麼樣你才肯相信？」

「除非你能把那個周顚從大坑裡揪出來，讓朕瞧個清楚。」

伽鱗眞爲難地搖頭，「陛下，不是本國師不樂意承擔這項工作，實在是……我看啊，咱們乾脆張皇榜徵募勇士，誰敢進入清德殿塌陷的大深坑中去看一看，賞三十兩黃金，如何？」

「主意倒是好，可是，國師，你爲啥不自己進去看看呢？替朕省下點金子，不是也蠻好？」

「我怕下去之後，告訴你下面眞的是周顚，你硬是不信，咋整？」

「也有道理，那就張榜招賢吧！」

於是，皇宮張榜，不日就有一個叫田豐的流浪漢撕了皇榜，自告奮勇要下到深坑中。元順帝、伽鱗眞親臨現場，眼看著手下人將一根又粗又長的繩子縛在此人腰上，將他緩緩地墜下深坑，然後就沒了動靜。

大家平心靜氣，耐心地等候著。

且說那田豐下到坑底，解開繩子，眨巴眨巴眼睛，發現深坑中瀰漫濃煙，還有明滅不定的火光，分明是天上掉下來的東西尚未燃燒殆盡。先試了試空氣，感覺呼吸沒什麼障礙，就小心翼翼地向前去。不想才行出幾步，腳下被什麼一絆，立馬撲通一聲栽了個大跟頭。

田豐氣惱地爬起來，罵了一聲，仔細用手一摸，頓時詫異，咦！地下的東西，怎麼像人腿？趕緊藉著穴中的火光仔細一瞧，差點大叫。

果然是兩條人腿！

人腿倒是人腿，不過這兩條腿，分明是從地裡長出來的，像一人倒插入地面，雙腿還來來回回地踢蹬不休。按捺不住心中的驚訝，他蹲下來仔細研究了半晌，拿手一摸兩腿之間，就聽咯咯一聲怪叫，噗哧一聲，兩條腿用力一折，一顆腦袋從地下拔了出來，把他嚇了好大一跳。

「嗨！」把腦袋拔出來之人，赫然正是明教五散人之一的周顛。他熱情地和田豐打招呼，「吃了沒？」

「上去就吃。你是幹啥的？爲啥躲在大深坑中，還把腦袋埋進土裡？」

「這個事，說來話長……咦！你看那邊是誰來了？」

田豐聞言扭頭，立即被一記龍爪手敲在腦殼上，眼睛一翻白，昏死過去。然後呢，就見周顛跑到穴口處，先將垂下來的繩索捆在自己腰上，然後一抖繩子。上頭的人不疑有詐，很快將他拉了上去。

一回到地面，他馬上放聲大吼：「乾坤大挪移九陰白骨爪九陽眞經九陰眞經擋我者死避我者生……」不由分說，拳腳齊下，直打得四周看熱鬧的宮女太監哭成一片，轉眼便打出一條血跑，衝出了皇宮。

那廂，元順帝急忙揪住身邊人，「國師，剛才那人就是周顛嗎？你怎麼不上前攔住他？」

伽鱗眞惱火地推開他，「說你缺心眼，眞是一點也沒冤枉人。周顛那是眞打啊，你靠近前試試？好了，陛下，別理周顛了，方才跟你說過的，奎木狼那傢伙跑來添亂，擺明了要當皇帝奪天下，你看著辦吧！」

「可是那奎木狼……到底是個什麼東西？在哪裡啊？」元順帝委屈地哭了。

「陛下休要擔驚，少要害怕。我已經在鏡子裡看明白了，奎木狼這次轉世，要投胎於安徽鳳陽鐘離東鄉一戶姓朱的人家，形貌特點是下巴超級的巨大。只要一紙聖旨，傳安徽地方官尋到姓朱且下巴超級大的男嬰，趕緊宰掉，奎木狼就沒咒念了，只能再回天庭値班。」

「傳旨！」元順帝吼道：「命安徽地方官，找到當地出生的一名姓朱且下巴超級巨大的嬰兒，給朕宰了！」

第5章

母腹藏身三年整

產期總算到了，眾官兵緊張地操刀在手，盯緊了孕婦的小腹，就等孩子出世。不想奇怪的事情發生了——那女人活蹦亂跳的，壓根沒有生產的兆頭。

當京師快馬向安徽運送聖旨的同時，明教散人周顛也正運起輕功，狂奔在通往安徽的路上。披星戴月、櫛風沐雨，運足了全身的眞氣，不知奔了幾多時日，忽一日，他猛可地收住腳，停下步伐，一面咻咻地喘息，一面將兩隻怪眼直勾勾地盯住前面一戶逃荒的人家。

那戶人家一共四口，丈夫、妻子和兩個孩子。

兩個小孩年紀都不大，一邊走，一邊緊緊揪著娘的衣襟。女人的行走姿態明顯有些笨重，腹中原來還懷著一個。

「哈哈哈！奎木狼，你這隻植物狼，原來是躲在這裡。」他哈哈大笑，大搖大擺地走過去，把耳朵貼在婦人的小腹上，就要聽胎音。

見狀，男人可急了，「哪裡來的色鬼？不許碰我老婆！」上前揪住了就要打。

可周顛那一身的功夫，豈是尋常人可以近身的？輕輕鬆鬆推開了氣急敗壞的丈夫，仍然把耳朵貼在女人的小腹上，怪笑不止，「奎木狼，你個王八蛋，不在天庭認眞値班工作，卻跑這地方投胎來了！告訴你，你來的日子不對，人家元順帝早就知道了，已經派出兵馬，等你一出世，馬上就要將你宰了。我看你現在怎麼整喲！」

正說著，就聽後面蹄聲如雷，一隊官兵縱馬而來，「喂！前面那戶人家，對！

就是說你們，姓什麼啊？」

男人轉回身，驚恐地回答：「小民姓朱，叫朱五四。」

「哈哈哈！」官兵們頓時大笑，說道：「踏破鐵鞋無覓處，得來全不費功夫，總算追上你們了！你老婆還眞懷了孕，看來沒錯。聖上有旨，孩子出生之後，立即宰掉。欽此，謝恩。」

農民朱五四驚得呆了，「什麼？要殺我家孩子？有沒有搞錯？不都說孩子是祖國的花朵，要愛護下一代嗎？」

官兵群繼續笑，「愛護下一代？想得美！趕緊的，你老婆什麼時候臨盆？咱們快點動手把你家孩子宰了，也好回去交差。」

「救命啊！殺人啦！」

「土老帽，你喊得再大聲也沒用，咱們這是在執行國家公務，有聖旨的。還是以國家利益爲重，趁早讓我們把你家孩子宰了吧！」

農民朱五四一家落入官兵之手，他們在前面連哭帶喊，連連乞求，人家就在後面亦步亦趨，耐心地等待孩子出生。

就這樣，一夥人慢騰騰地往前走，走到安徽鳳陽鐘離東鄉地附近，產期總算到了。衆官兵緊張地操刀在手，盯緊了孕婦的小腹，就等她肚子裡的嬰孩出世，不想奇怪的事情發生了——那女人活蹦亂跳的，壓根沒有生產的兆頭。

沒生？沒生就只等耐心地再等。聖旨上吩咐得很清楚，孩子出生後下手，官兵們不敢有絲毫違背，只能等。誰曉得這一等，更怪的事情發生了——眨眼工夫，一個月過去、兩個月過去、一年過去、兩年過去……那孕婦挺著大肚子在路上走來走去，腹中的孩子硬是不出來。

大夥看得目瞪口呆，只有周顛心裡明白，孕婦之所以遲遲不生，是因爲奎木狼聽說了外邊的人要殺他，乾脆就賴在肚皮裡頭不動了。好個狡猾的傢伙！

不知不覺，兩年八個月過去了，孩子仍未出生。饒是那奎木狼有天大的本事，在母腹裡一待這麼長時間，也實在有點過分。可問題沒有解決，官兵天天監視著，他是決計不肯出來的。

唉！他死活不出來，堂堂明教散人就只能跟著朱家人到處流浪，日子不舒服啊！

怎麼辦呢？周顛眼睛眨來眨去，想出來一個好主意。

這天夜裡，眼見得官兵已經睡下，他悄悄地踅到婦人身邊，低聲問：「大嫂，孩子已經在妳肚子裡待了快三年，再不把他生出來，恐怕會成死胎。」

那婦人沒好氣地回道：「跟我說這個有什麼用？孩子不出來，我有什麼辦法？」

「孩子不出生，是因爲外邊有官兵。要不，妳趁這時候跟我一塊跑吧！只要能逃到安全的地方，他肯定馬上出來。」

「眞的假的？你不會是想拐走我，賣給人販子吧？」

「大嫂，有這麼缺心眼的人販子嗎？一個孕婦，誰會買？」

「說得也在理，那就跑吧！」

於是周顚拉起婦人，向著荒野逃去。逃出不遠，就聽後面傳來官兵的喊聲：「站住！快站住！不然就射箭了……」

忽見附近有一棵大樹，樹上有一個洞，周顚趕緊把人往洞裡一推，自己接著弄出各種聲音，將追趕的大隊人馬都引走。

果不其然，不出多久，就聽樹洞裡哇的一聲嚎叫，嬰兒朱元璋，在他媽的肚子裡躲了兩年零八個月之後，終於出生。

奎木狼，來了！

長著超大下巴的落跑天庭保安，開始向他的皇權之路出擊。

從時間上推算，農民朱五四四十七歲時，恰應該是朱元璋出生的年份。可這傢伙又在母親腹中多待了兩年零八個月，直到父親五十歲時才出生，一出生就已經三歲了。因此，他所描述的個人生平，時間上看得後人顛三倒四。

這個故事，有力地解釋了朱元璋的出生時間之謎，可你就算是借歷史學家一百個膽，他們也不敢把事情的經過寫成論文。太離奇了，又是外星人，又是天庭掏糞工，專家們都是死腦筋，如何受得了這種刺激？

其實啊，眞正的歷史，遠比上述故事更要詭異，更爲離奇……

卷一 中原一匹狼

同一條流浪乞討之路，卻走出兩種完全不同的人生。究其原因，就是朱元璋具有狼的性格，殘忍好鬥。性格的巨大差異，足以導致截然相反的兩種結局。

第1章

朱元璋的自傳解讀

憑什麼他朱元璋就不斷地從一個勝利走向另一個勝利？憑什麼別人就不斷地從一個失敗走向又一個失敗？難道勝利是他親爹，就這麼喜歡他？

古人說，概非常之人，成非常之事。翻成白話就是說，只有那些了不起的人物，才能夠做出了不起的大事業。而天下最大之事業，莫過於創建一個帝國。

放眼中國的漫長歷史，帝國、王朝眞不是普通的多，可當中最最引人注意的，還數大明王朝。

何以大明王朝這麼能吸引關愛的眼光？原因說起來比較複雜，但至少有一個關鍵性因素：創建它的朱元璋，確實與衆不同。

朱元璋有何與衆不同？

爲了解答這個問題，他曾親自撰寫自傳，並將內容刻在石碑上。

朱元璋的自傳，分爲五個部分。第一部分是開篇，說到有一天他吃飽了沒事幹，忽然想起爹娘，於是寫下這篇報告文學，向倆老彙報自己的人生成就。

自傳的第二部分，爲痛說家史篇。這一部分內容主要是說，他出生在一個貧雇農的家裡，艱難地生到十六歲，仍如出生之初，身無寸縷遮體，下無立足之地，最慘的是一家還死絕死淨。萬般無奈，逃入空門，指望佛祖給口飯吃，卻不曾想佛祖也狠，根本不理不睬。別無選擇之下，敲著木魚沿街乞討，受盡了白眼，歷盡了滄桑，磨破了雙腳，喊破了嗓子，流盡了眼淚，看不到人生的希望。

自傳的第三部分，是黑暗摸索篇。正所謂，喜看稻黍千重浪，遍地英雄起四方；人生自古誰無死，有槍就是草頭王；可憐無定河邊骨，鐘山風雨起倉皇……忽然一日間天下大亂，四鄉五里的老百姓都操了菜刀上街，意氣風發地造起反來。藏在廟中的朱元璋面臨到人生的一個重要哲學課題：生存，還是毀滅？戰爭，還是和平？是拎起菜刀，加入砍人大軍，還是上床睡覺，繼續熱愛和平？舉棋不定，猶豫不決，於是問計於佛祖。怎奈佛祖還是打定了主意要玩死他，一連三次占卜，扔下的籌板都直立著，看不出個苗頭來。

自傳的第四部分，是找到組織篇。這部分內容，說的是朱元璋在走投無路的情況下，閉著眼睛投奔了起義組織，但由於缺乏內部鬥爭的經驗，一開始就犯下嚴重的路線錯誤，差一點被當成階級敵人清理掉。幸好組織很快查明眞相，洗清了他的冤枉，並且獲得高層的信任。懷著赤膽忠心，以及對敵人的刻骨仇恨，他出生入死，身先士卒，很快成爲作戰勇敢、足智多謀的優秀指戰員。

自傳的第五部分，是走向勝利篇。在組織的光輝照耀下，朱元璋心明眼亮，鬥志昂揚，南征北戰，東征西討，不斷地從一個勝利走向又一個勝利。歷史選擇了朱元璋，人民選擇了大明朝，成爲皇帝，正是因爲他眞正順應了廣大群衆的意願。從此，他兢兢業業，克盡職守，努力去逮任何一個他能夠逮到的美女，以不負天下萬民期望……

大體上，朱元璋的自傳，講的就是這些事。

說起皇帝這種動物，後宮美女鋪天蓋地，滿坑滿谷，所以他們的日常生活，總結起來就是一個字：忙。生活如此之繁忙，還願意抽出寶貴的時間來寫自傳，可知此事非同小可。不用懷疑，這篇自傳絕對值得我們仔細解讀，以尋找出其中有益於人生事業的成功要素。而等學會了朱皇帝的革命經歷，下一個步驟呢，自然就是認眞領會，深入貫徹，使之溶化於血液中，落實在行動上……

等等！且慢落實！事實上，大明開國皇帝的這篇自傳，除了痛說革命家史還有點料之外，其餘部分就是清一色的廢話。尤其在他加入組織，獲得信任，不斷地從一個勝利走向另一個勝利方面，其中最重要的細節、最該說的秘密，居然一個字也不吐。老朱，你眞好意思啊！

我們忍不住要問：憑什麼他朱元璋就不斷地從一個勝利走向另一個勝利？憑什麼別人就不斷地從一個失敗走向又一個失敗？難道勝利是他親爹，就這麼喜歡他？

很顯然，這篇自傳寫得棒極了，可它充其量只是高屋建瓴的思想指導。要想正確解讀，只需把握兩個重點：第一，朱元璋的起步低，低到了超乎想像的程度，堪稱地下三千丈，只配給閻王爺挖煤礦。第二，朱元璋的成就大，大到了天上人間，獨此一家，放眼宇宙，唯我獨尊的地步。

從給閻王爺挖煤，到睥睨寰宇，唯我獨尊，期間的人生跨越，以朱元璋本身奮進不息的強大精神力量貫穿。我們不僅要學習這種精神，還要弄明白，它到底是怎麼培養出來的？這股力量，又是如何指導著他的人生實踐？

解開這兩個疑問，也就理解了大明王朝。

附錄：大明皇陵之碑

孝子皇帝元璋謹述：

洪武十一年夏四月，命江陰侯吳良督工興建皇堂。予時秉鑑窺形，但見蒼顏皓首，忽思往日之艱辛。況皇陵碑記，皆儒臣粉飾之文，恐不足為後世子孫戒。特述艱難、明昌運，俾世代見之，其辭曰：

昔我父皇，寓居是方，農業艱辛，朝夕徬徨。俄而天災流行，眷屬罹殃，皇考終於六十有四，皇妣五十有九而亡，孟兄先死，闔家守喪。田主德不我顧，呼叱昂昂，既不與地，鄰里惆悵。忽伊兄之慷慨，惠此黃壤。殯無棺廓，被體惡裳。浮掩三尺，奠何餚漿。既葬之後，家道惶惶。仲兄少弱，生計不張。孟嫂攜幼，東歸故鄉。值天無雨，遺蝗騰翔。里人缺食，草木為糧。予亦何有，心驚若狂。乃與兄計，如何是常。

兄云去此，各度凶荒。兄為我哭，我為兄傷。皇天白日，泣斷心腸。兄弟並路，哀動遙蒼。汪氏老母，為我籌量，遣子相送，備醴馨香。空門禮佛，出入僧房。居未兩月，寺主封倉，眾各為計，雲水飄颻，我何作為，百無所長，依親自辱，仰天茫茫。既非可依，侶影相將，突朝煙而急進，暮投古寺而趨蹌。仰穹崖崔嵬而倚碧，聽猿啼夜月而淒涼。魂悠悠而覓父母無有，志落魄而俠佯。西風鶴唳，俄淅瀝以飛霜，身如蓬逐風而不止，心滾滾乎沸湯。

一浮雲乎三載，年方二十而強，時乃長淮盜起，民生攘攘。於是思親之心昭著，日遙眄乎家邦。己而既歸，仍復業於於皇。住方三載，而又雄者跳梁。初亂汝穎，次及鳳陽之南廂。未幾陷城，深高城隍。拒守不去，號令彰彰。友人寄書，云及趨降，既憂且懼，無可籌詳。傍有覺者，將欲聲揚。當此之際，逼迫而無已，試與知者相商。乃告之曰：果束手以待非？亦奮臂而相戕。知者為我畫計，且禱陰於默相。如其言往，卜去守之何祥。神乃陰陰乎有警，其氣鬱鬱乎洋洋，卜逃卜守則不吉，將就凶而不妨。

即起趨降而附城，幾被無知而創。少頃獲釋，身體安康。從愚朝暮，日日戒行。元兵討罪，將士湯湯。一攖不得，再攖再驤。移營易壘，旌旗相望。已而解去，棄戈與槍。予脫旅隊，馭馬控韁，出遊南土，氣舒而光。倡農夫以入伍，事業是匡。不逾月而眾集，赤幟蔽野而盈崗。率渡清流，戍守滁陽，思親詢舊，終日慨慷。知仲姐已逝，獨存駙馬與甥雙。駙馬引兒來我棲，外甥見舅如見娘。此時孟嫂亦有知，攜兒挈女皆從傍。次兄已歿又數載，獨遺寡婦野持筐。因兵南北，生計忙忙。一時會聚如再生，牽衣訴昔以難當。於是家有眷屬，外練兵鋼，群雄並驅，飲食不遑。暫戍和州，東渡太江。首撫姑孰，禮儀是尚。

遂定建業，四守關防。厲兵秣馬，靜看頡頏。群雄自為乎聲教，戈於天樸鏗鏘。元鋼不振乎彼世祖之法，豪傑何有乎仁良。予乃張惶六師，飛旗角亢。勇者效力，智者贊襄，親征荊楚，將平湖廣，三苗盡服，廣海入疆。命大將軍東乎吳、越、齊、魯，耀乎旌幢。西有乎伊、洛、崤、函，地險河湟。入胡都而市不易肆，虎臣露鋒刃而爍若星亡。己而長驅手井陘，河山之內外，民庶咸仰。關中即定，市巷笙簧。元菟、樂浪以歸版籍，南藩十有三國而來王。依金陵而定鼎，托虎踞而儀鳳凰，天塹星高而月輝侖海，鐘山鎮嶽而巒接乎銀潢。欲厚陵之微葬，卜者乃曰不可，而地且臧。於是祀事之禮已定，每精潔乎蒸嘗。惟劬勞罔極之恩難報，勒石銘於皇堂。世世承運而務德，必彷佛於殷商。淚筆以述難，諭嗣以撫昌。稽首再拜，願時時而來向。

洪武十一年，歲次戊午，七月吉日建。

第2章

朱元璋的精神解讀

朱元璋的一生，是不屈不撓與反動派鬥爭的一生，是光輝的一生，也是戰鬥的一生。與天鬥，其樂無窮；與地鬥，其樂無窮；與人鬥，其樂無窮。

明太祖的自傳，只是他的歷史檔案中不可缺少的一部分。眞要瞭解這個人，瞭解朱元璋何以是朱元璋，憑什麼能夠於萬人叢中越衆而出，成爲縱橫歷史的重要焦點人物之一，接下來，必須解讀他的出身與經歷。

- 姓名：朱元璋
- 曾用名：朱重八
- 出生：一三二八年十月二十一日
- 出生地：安徽淮上鐘離太平鄉的一間茅屋
- 生肖：龍
- 血型：A型
- 身高：一百六十九公分
- 體重：六十四公斤
- 相貌特徵：下巴超大且突出
- 職業：歷任乞丐、和尚、私募武裝軍事領袖，最後出任大明帝國首任皇帝
- 特長：窺探別人的隱私

• 社會關係：

父親：朱世珍，又名朱四五。

母親：陳氏

妻子：馬氏

兒子共二十六人，女兒十六人

零歲：出生，有僧、道、俗及多種不明生物聲稱對他出生一事負責。

十歲：多地爆發大規模群體事件，朝廷傳達皇帝講話，盡收南人弓馬，民間擁有菜刀者需登記。

十六歲：淮上饑荒，闔家皆死。

十七歲：落髮於皇覺寺，師承高彬法師。

同年爆發「踢佛」事件：朱元璋在佛殿裡掃地時，一尊大佛故意伸出腳來礙事，被他一腳踹過去，泥佛知錯，趕緊正襟危坐。高彬法師對此表示極大的鬱悶，於是授予破碗一只、筷子一雙，吩咐他敲著破碗出門討飯。

二十一歲：於淮西乞討三年，重返皇覺寺，閉門讀書。

二十五歲：淮上淪爲戰場，寺僧逃去無蹤。朱元璋夜奔郭子興部，從此投靠民間私募武裝部隊。

二十六歲：嶄露頭角，揮師東進，取得定元，滁洲大捷。

二十八歲：奉郭子興命總領諸將，進入領導班子。

二十九歲：取得集慶及鎮江大捷，被任命爲樞密院同簽，升江南等處行中書省平章。

三十歲：建立淮上根據地，盡擁有四方州郡。

三十二歲：升任儀同三司江南等處行中書省丞相。隨後，陳友諒頑軍大搞摩擦，不敵，實行戰略撤退。

三十四歲：擊潰頑軍陳友諒的武裝挑釁，升任吳國公。

三十六歲：鄱陽湖戰役爆發。是役也，陳友諒驅頑軍六十萬人，圍洪都八十五日不下。朱元璋盡撤援安豐軍，與對手主力進行鄱陽湖會戰，最終，陳友諒中流矢而死。

三十九歲：攻頑軍張士誠，俘獲之。

同年，遣大將廖永忠迎小明王於滁洲，舟覆，小明王身死。由此取而代之，成爲最高軍事領袖。

四十一歲：登基爲帝，國號大明，建元洪武，是爲太祖。

四十四歲：遼東、川蜀僞政權出降。

四十六歲：頒《大明律》，以法治國。

四十八歲：爆發大明第一樁秘案，策士劉伯溫被毒殺。

五十三歲：粉碎了以左丞相胡惟庸爲首的反皇帝集團，成功鎭壓三萬餘名反動派。

五十四歲：解放雲南，攻克曲靖，元朝小梁王自殺。

五十五歲：「空印案」爆發。當時有官員在空白文件上事先蓋章，以後再行塡寫，朱元璋大怒，數萬人因此而死。

五十七歲：毒殺曹國公李文忠。

五十八歲：魏國公徐達患病，賜肥鵝一隻。徐達大哭，食之，死。

五十八歲：粉碎了以戶部侍郎郭桓爲首的貪污集團，數萬人死。

六十三歲：粉碎了以韓國公李善長爲首的反皇帝集團，鎭壓反動派數萬人。

六十六歲：軍隊大肅反，涼國公藍玉死，剝其皮，軍中名將皆殺。

六十七歲：粉碎了以潁國公傅友德爲首的反皇帝集團，傅氏滿門皆死。

六十八歲，粉碎了以宋國公馮勝爲首的反皇帝集團，廢除宰相制度，實現一元化領導，一切權力歸於皇帝。

七十一歲：死，天下復亂。

細看這份歷史檔案，不由讓人心旌動搖，難以自已。

朱元璋的一生，是不屈不撓地與打著各種牌號的反動派鬥爭的一生，是光輝的一生，也是戰鬥的一生。他生下來就是個鬥士，與天鬥，其樂無窮；與地鬥，其樂無窮；與人鬥，其樂無窮。

爲啥其樂無窮？

因爲被他選擇爲對手的人，都死得乾脆而徹底。

爲啥其樂無窮？

因爲他始終是贏家。

鬥士朱元璋適逢其所，遇上一個最適宜鬥爭的美好時代。沒有人比他更熟諳鬥爭的法則，沒有人比他更適宜這場殘酷的社會遊戲。

他，就是一隻狼！

要知道，人類的天性雖然隱含著衝突的種子，但絕大多數人的性格，都是溫和且習於退讓的。退一步海闊天空，爲什麼要退一步？就是因爲大家不善於爭鬥，擁有溫敦如羊的善良脾性。

再加上儒家文化的千年薰染，更進一步消弭了人們心中的暴戾。與人爲善，遇事退讓，長期以來，始終是絕大多數中國人深深信奉的哲學思想。

不過，換個角度說，儘管中國人多是典型的羊哲學信奉者，奉持勸人退縮忍讓的處世之道，仍不免要碰到一些胳膊粗、力氣大的凶人，天天揮舞著拳頭在你的鼻尖前晃來晃去。不想一遇到眞章，這些傢伙很快就會被打回原形，乖乖地變回綿羊模樣。

原來說到底，即使是以血性相互炫耀者，也不過是稍微強壯的羊罷了。欺負同類時威風凜凜，顧盼八方，可若遭遇到兇惡的狼，立馬兩股顫顫，臣伏於地，由任對方煎炒烹炸，任意宰割。

不要問狼是如何成功的，衝入羊群中的狼，需要做的選擇不過是挑肥揀瘦。於狼而言，成功，僅僅是生存必須的過程。

朱元璋，恰恰是這樣的一隻狼。

所以，我們眞正需要關注的問題，應該是：朱元璋和所有的人一樣，吃的是小米，喝的是涼水，廁所裡有他老人家的固定蹲坑，小便池前常見他流連的身影。何以別人都成爲了食草動物，偏偏他老兄進化成了一隻狼？

這個答案，得從他的人生成長與戰鬥歷程中尋找。

第3章

知識改變命運

朱元璋被迫離開皇覺寺，沿街乞討。可想而知，乞討生涯中遭受了多少屈辱，忍受了多少痛苦。三年後重返寺廟，他立馬做下出人意料的決定……

中國民間的學者、文人及百姓，很早就發現了朱元璋身上具有的狼性基因。正如本文開頭所言，概非常之人，必成非常之事。民間人士普遍認爲，這廝之所以獲得如此不凡的人生成就，那是因爲他還沒出生，就已經跟普通人不大一樣。

但凡說到普通人，通常具有以下三個特點：

第一：普通人的爹娘，都是普通人。

第二：普通人的爹娘，是通過普通的方式，製造後代的。這方式通常是在天黑之後，關門閉戶，普通爹和普通娘上大炕，蓋被子或是不蓋被子自由選擇，然後普通一番，十個月後，就普通出一個普通的嬰孩，繼續他普通而尋常的人生。

第三個特點：普通人上溯一千八百代，清一色普通的祖先，包括普通猿人、普通猴。但凡出點差錯，家族中稍有一個不普通的，也奈不得普通者衆，活生生把不普通的基因給稀釋掉，仍舊是普通得不能再普通的地步。

朱元璋的族譜，無疑符合普通人的第一個和第三個特點。他的祖先是普通人，他的爹娘也是普通人，偏偏到了他這一輩，從他開始不普通。民間人士於是斷言，朱家肯定在第二個環節上出了紕漏。

第二個環節，正是朱元璋的爹娘繁衍子息的過程。

這能出什麼樣的紕漏？

有一部古書，叫《天潢玉牒》，對此問題做出了嚴肅而科學的解答。

書中說，早在朱元璋還沒有出生的時候，有一天，他的母親陳氏在麥場裡瞎溜達，就見西北方向來了一個老道士，長長的白鬍子，頭戴簪冠，身披鮮紅色的衣袍，手裡拿著一支象牙笏簡。

老道士到了麥場之後，就停下腳步，以笏簡撥弄另一隻手中的白色藥丸。

陳氏湊過來，好奇地問：「這是什麼東西？」

道人回答說：「大丹。妳要不要吃一粒？」

此女明顯有點缺心眼，也不問問這到底是什麼藥，只摸了摸衣襟，「我沒有銀子啊！」

「沒關係，免費。」

一聽說是免費的，陳氏登時衝上去，抓起藥丸就往嘴巴裡塞。當下只覺得一道異香自喉管直入胃中，那滋味讓她好不享受。

書中說，自打吞下這枚藥丸之後，陳氏就有了身孕，懷上了朱元璋。跟著還說，孩子出生的時候，自東南飄來一股白氣，貫穿屋頂。奇特的香味瀰漫在整個屋子裡，整整一夜都不散去。

雖然這說法很刺激，而且極度科學地解釋了朱元璋的基因突變——這廝壓根就不是地球人，至少他爹不是地球爹。但是，要想得到大衆的普遍採信，需要更多的證據，不能僅憑著一個孤證。

於是，另有一本書《龍興慈記》，爲此一說法做了更爲科學的補充：**聖祖始誕，屋上紅光燭天，皇覺寺僧見之驚疑回祿也。明發扣問，告以誕。**

翻譯成大白話，說的是朱元璋出生的當天夜裡，皇覺寺裡的和尚都看到朱家屋頂上沖天的紅光，一致認爲老朱家著火了。著火了好啊，越燒越旺嘛！衆僧人觀賞一陣之後，興奮地回去睡覺。等到第二天早晨，來去朱家看看大火燒得如何，才知道原來是朱元璋出生了。

不得不說，皇覺寺的禿驢們太缺乏社會責任感了，既然認爲朱家著火，爲什麼不去幫忙救火？

可話又說回來，這段記載的重點本來也沒擺在和尚們的社會責任缺失上，而是爲了證明這樣一件事：不管原因如何，反正朱元璋這個人，基因突變了，由羊轉化成爲了狼。

奇怪！轉變過程究竟是如何完成的？會不會世界上真的有這麼一枚神奇藥丸，只要吃下去，就會對遺傳基因上的核甘酸鏈進行調整，從而生下一個與眾不同、天賦異稟的嬰兒？

做夢！

實際上，這個神秘的轉變，初始發生於朱元璋十七歲那一年，完成於他二十歲那一年。短短三年時間，人生徹底改變。

十七歲時，朱元璋被迫離開皇覺寺，敲著木魚，沿街乞討。說是和尚，實際上就是個要飯的。說是乞丐，偏偏又頂著一個禿腦殼。

可想而知，在這段乞討生涯中，遭受了多少屈辱，忍受了多少痛苦。所以三年之後，一重返皇覺寺，他立馬做下出人意料的決定。

《皇朝本紀》：復入皇覺寺，始知立志勤學。

原來如此！歷經三年之久的乞討，朱元璋深刻地認識到這樣一個人生哲理：知識就是力量，思想改變命運。

他從此閉門苦讀，廣泛專注地讀了大量的佛經，以及其他各類書籍。正因如此，一個從未受過正規教育的乞丐，得以在日後獨立完成個人傳記——傳記僅是微枝末節，更重要的，是於學習的過程中，形成獨立且獨特的思想。

羊的思想，讓人馴服。狼的思想，充斥著挑戰與決絕。明太祖朱元璋，絕對有他獨一無二的野狼思維。

第4章

一聲狼嚎

同一條流浪乞討之路，卻走出兩種完全不同的人生。究其原因，就是朱元璋具有狼的性格，殘忍好鬥。性格的巨大差異，足以導致截然相反的兩種結局。

元末時代的中國，沒有社會福利保障，沒有救濟所，沒有收容站，甚至連民政部門都沒得有。當時的百姓若遭遇到饑荒，只能攜兒帶女，拄著拐棍，遊走四方。除了乞丐、饑民，還得加上無所事事遊手好閒的遊民，中國的大地上，是黑壓壓數之不盡的流浪人口。

稱帝以前，朱元璋，就是數以百萬計的流浪大軍中的一員。當他終於南面登基，稱孤道寡，那些個「流浪同事」，又都怎麼樣了呢？

那些人，九成九伏屍於路，成了餓殍。僥倖不死者，也只能在他的政治高壓下苟延殘喘，老老實實地當一個順民，終此一生一世。

同樣一條流浪乞討之路，卻走出兩種完全不同的人生。究其原因，就是朱元璋具有狼的性格，殘忍好鬥。而其餘的流浪人員，不過是任人宰割的羔羊。性格的巨大差異，足以導致截然相反的兩種結局。

一路講到這兒，我們又得繞回先前提過的問題上：難道說，事情眞如古籍記載，朱元璋這廝體內基因突變，還沒生下來，就已經注定要成爲天上地下唯我獨尊的一隻狼？

假若眞是如此，那大家趁早也別奮鬥了，趕緊想想法子，把自己的基因摳出來擰巴擰巴，讓它比別人的更凶狠優秀一些，才是正理。否則啊，基因不對頭，生而是羊，縱然想學著野狼嚎，也嚎不出個名堂。

幸好眞相不是這樣。

現代科學家說，決定某一物種特徵與性格的關健性因素有二，頭一個是遺傳，第二個是環境。遺傳只能決定朱元璋生下來是人，不是別的動物。未來的人生成就，實際上取決於他與環境的互動。

回頭再看看朱元璋的簡歷。十七歲那一年，他混雜在高達百萬之衆的流浪大軍中，端著飯碗，到處哀告求包養，遭遇到的結果，和別人沒任何區別，都是白眼與蔑視，再就是戲弄與嘲笑。那時的心情，必定充滿言語不能形容的悲憤與絕望，人生之路，何其殘忍！

說起來，乞丐大概算得上人活於世的最低水準了，居處於社會的最底層。無論是誰，當他不幸淪落到這種地步，想來都免不了要做一番思考：朱門酒肉臭，路有凍死骨。憑什麼？憑什麼別人就吃香的，喝辣的，衣朱紫，佩珠玉？憑什麼自己卻吃不飽，穿不暖，瑟縮在寒風中，蜷縮在街頭上，空癟著肚子一覺睡下，還不知道能不能看見明天的太陽？

思考來，思考去，基本上只會得出兩種結論：

頭一個結論：是認爲自己命苦、倒楣，投胎時缺乏足夠的精準度，沒能成功成爲富二代，必須胼手胝足地辛苦打拚。這世道又忒不公正，貪官滿地，汙吏橫行。再加上時運不濟，無論如何奮鬥，都不會有什麼像樣的結果。既然如此，乾脆閉上眼睛睡覺算了。說不定哪一天老天開眼，突然從天上掉下來個缺心眼的貴人，非要拿自己當爹，好吃好喝地供著自己……這麼一想，只能是聽天由命，繼續目前的乞討生活，直到餓死才算完。

朱元璋得出來的是第二個結論：將相本無種，男兒當自強。你看，即使是那高坐龍椅上的皇帝，上溯他十八輩子的祖宗，其實也跟自己差不多，端著討飯碗，被狗攆得滿街跑。可是人家跑著跑著，竟然一口氣跑到了龍椅上，從此世世代代趴在那裡，再不肯挪窩了。

何以能有如此的人生成就？仔細再想想，很明顯的，古往今來，中國皇帝雖然車載斗量，多不勝數，可大多有一個共同特點——他們認得字。

要想改變人生，你首先得明白隱藏在社會之後的規律。這玩意不會從天上掉下來，它早已被前人發現，並記載在書本上。找來書本，點燈熬油，發奮苦讀，必定能從中悟出扭轉命運的辦法。

若不是這麼想，他肯定不會重返皇覺寺，閉門苦讀。

要知道，寫在書上的文字僵硬呆板，遠不如門外河邊裸浴的村姑，動感十足。朱元璋要閉門讀書，首先得忍受外界太多太多的誘惑。有這個毅力，只能是因爲認定了書本裡藏有値得花時間琢磨的好東西。

一番苦讀，他到底從書中琢磨出了什麼來？

他琢磨出了，成功的最基本法則。

有證據沒有？

當然！翻開下一頁，馬上就秀給你看！

第5章

卜卦也有大智慧

朱元璋用筊板來占卜，想不到丟在地上，三枚居然都是直立著的，不顯示任何結果。他不相信佛祖能這樣惡搞人，就又投了一次，結果還是一樣……

朱元璋在自傳中說，正當他老兄躲在皇覺寺裡，頭懸樑，椎刺骨，發奮苦讀的時候，戰爭的陰影已不知不覺地逼近。夜晚睡在床上，時常能夠聽到遠處傳來慘烈的廝殺聲。

天地之大，已經再也放不下一本書，何去何從，必須立即做出選擇。

他是如何選擇的？

算卦，乞求於佛祖的啓示。不對啊！他這樣做，明顯深受了封建迷信的毒害，怎麼能說已經悟透了人生成功的規律？

事實恰恰相反，正因爲悟透了人生成功的規律與法則，所以他才求助於神靈的保佑。

這話從何說起？

戰爭表現出來的，是群體的意志。若只有單獨一人，想要掀起戰火，難度可是相當的高。莫要說尋常百姓，縱是高高在上的帝王、君主，執意發動戰爭，少不了要遭到臣子們的激烈反對。

不明白背後規律者，會認爲帝王只要將反對的臣屬殺掉就好，然事實並非如此。戰爭，需要的是整個社會的協同合作，有人上戰場，有人做後勤，有人宣傳徵兵，有人徵集糧草。負責這些工作的人若持反對態度，事情如何辦得好？戰火又如何掀得起來？

所以說，戰爭必須爲群體意志。一旦有足夠數量的人渴望戰爭，爲之奔走呼號，天長日久，這種宣傳會透過潛移默化一點一滴地產生影響，使得捲進來的人越來越多。當戰爭狂在群體數量中占到一定比例，和平自然終結。

想想，什麼樣的人會渴求戰爭？

渴求戰爭的，恰恰都是對人生規律一無所知，現實生活中處處碰壁的人。正因爲不斷地遭遇到失敗，他們內心憤憤不平，而且認定自己之所以屢遭挫折，都是因爲別人的妨礙，因爲社會的不公正。倘若能將礙事的人殺光光，將社會秩序推倒重建，豈不就有了扭轉運勢的機會？念頭一經滋生，便要如雨後郊原上的野草，迅速地生長、茁壯，並且向四方擴散。

呼喚戰爭，因爲廣大群體都把它看作是改變命運的契機。

朱元璋，卻不這麼認爲。

他所理解的戰爭，更接近於戰爭規律的本身。群體若陷入瘋狂，必會喪失理性，喪失對自身的把握。換句話說，主導戰爭走向的，是非理性的狂暴，這種心態具備不可預知的毀滅性。

捲入戰火的人，都被迫進行著一種你死我活的殘酷遊戲，無論贏多少場，只要輸上一次，就會將包括性命在內的老本賠光光。更簡單的解釋，就是一句話：沒有人能夠控制戰爭，也沒有人能夠眞正從中受益。

如若不是這樣認爲，他早就拎起一把菜刀，嗚嗷怪叫著衝出門去，投身到砍人與被砍的事業中，根本不會搞什麼占卜算卦這種沒技術含量的活。占卜，恰恰從另一個角度證明了他清楚戰爭的法則，知曉從中獲益的可能性接近於零，因而猶豫不決，欠缺自信。

正如朱元璋在個人自傳中所言，他用筊板來占卜。想不到佛祖跟這廝較上了勁，將筊板丟在地上，三枚居然都是直立著的，不顯示任何結果。他不相信佛祖能這樣惡搞人，就又投了一次，結果還是一樣，它們仍舊豎立，不顯示正面的陽，也不顯示背面的陰。

兩次不成，那就試第三次吧！

哪想到第三回扔出去，筊板們竟然堅持繼續直立。這要放在機率學上，已經算得上不可能事件了。

不可能事件都讓自己碰上，他由此得出一個結論：面對戰爭，佛祖也沒轍。神佛都沒轍的事兒，還需要費心思考嗎？

就在這一刻，朱元璋拿定了主意：媽的，形勢比人強！無論自身對戰爭是何等的恐懼，面對不可抵擋的現實，只能選擇挺身而出，硬著頭皮迎上去。是死是活，就聽天由命吧！

表面上來看，做出這個選擇的他，與未經任何思考就捲入戰事的芸芸眾生沒有任何區別。但實際上，他做的是高附加值的選擇。伴之運行的思想，將使他開創出與別人截然不同的未來。

第6章

狼行天下

韓山童走出家門，站在石碾子上，慷慨激昂地向群眾發表講話：「鄉親們，我乃大宋徽宗皇帝第八世孫子。」正胡扯之間，人群外走來六名彪形大漢。

徹底改變朱元璋的人生命運的，是一個叫韓山童的人。

韓山童，男，出身於革命世家。早在他爺爺那一代，就天天在家裡聚攏一夥人，宣傳革命道理，「鄉親們啊，爲什麼你們起五更，睡半夜，吃的是豬狗食，幹的是牛馬活，卻受著地主老財的深重壓迫？這是因爲你們沒有找到一個強有力的組織，帶領你們推翻地主老財。鄉親們啊，這個組織就是白蓮教。十月一聲炮響，給大元帝國苦難深重的人民送來了白蓮教主，從此以後，你們的生命就獲得了光明，你們的未來就有了希望……」

話不說不透，燈不點不亮，聽他這樣一說，聽衆們恍然大悟，原來這廝是個邪教頭子！當下急如星火地趕往官府，揭發檢舉。

於是，韓山童的爺爺遭到地方領導的批評，全家被發配到一個荒無人煙的地方，讓你衝著山坡裝神弄鬼去吧！

應該說，當時的政策還算是寬大的，沒因爲老頭胡扯就宰了他。他幸福地死在床上，而後兒子奔出去，滿山遍野地找尋女人，不久果然被他逮到一個，迅速地生下兒子，就是韓山童了。

接下來，長大的韓山童又以迅雷不及掩耳之勢，捉住一名姓楊的女子，生下兒子韓林兒。

人口的進一步增長，帶來了經濟上的困難，韓山童琢磨起來，「這麼一大家子人，靠什麼吃飯呢？要不，咱們還是宣傳革命吧！」

打定主意，他大步走出家門，站在一只石碾子上，慷慨激昂地向群衆發表講話：「鄉親們啊，你們吃的是豬狗食，幹的是牛馬活，卻終日掙扎在死亡線上，為啥混得這麼慘呢？這是因為沒有老大罩。雖然我不當老大好多年了，可心裡無時無刻不惦記著你們。你問我是誰？不好意思，小可乃西天彌勒佛是也。什麼？你不信？不信，去看看我家的家譜，上頭寫得明白，我乃大宋徽宗皇帝第八世孫子。唉呀！我都承認自己是孫子了，你們怎麼還好意思不信？」

正胡扯之間，人群外走來六名彪形大漢，都是歷史上響噹噹的英雄人物，打頭的叫劉福通，依次而下是杜遵道、羅文素、盛文郁、王顯忠、韓咬兒。

這六名英雄好漢，俱是綠林道裡黑吃黑的梟雄，這段時間正遊走四方，秘密聯繫江湖兄弟，約期大舉，奪取天下。無奈各地豪強反應淡漠，劉福通心裡鬱悶，因而出來瞎溜達，無意中恰遇到韓山童。

聽著這一番胡扯，劉福通當下急忙將兄弟們拉到一邊，「各位啊，我算是想明白了，之所以綠林兄弟不樂意跟咱們一塊造反，主要的原因是缺乏一個明確的政治綱領。連政治綱領都沒得有，怎麼號令天下？所以，我們要想幹大事，首先就得建立起組織，說明白了，就是得弄個領袖出來。」

天地茫茫，上哪兒去弄個領袖呢？

遠在天邊，近在眼前！

且說劉福通聽著韓山童的胡謅瞎扯，越聽越激動，情不自禁衝入人群之中，一把抓住他的手，「親人啊，我可找到你了！」

圍觀群眾見一群怪人惡搞，放聲大笑，掉頭一路狂奔，上官府舉報去了。

是夜，縣府衙役突然出動，不由分說便砸開韓山童的家門，將他捉去打板子。混亂中，其妻楊氏趁人不注意，抱起兒子韓林兒，扭著小腳，飛跑到山林裡躲藏了起來。不多時遇見道上的兄弟，幸虧她聰明機警，當即報出劉福通的名字。

劉福通聞訊，率眾家兄弟狂奔而來，直接在大野地裡推韓林兒登基，號小明王，重建大宋國。窮兄弟們置辦不起服裝，索性每人頭上裹一塊紅巾，這就是歷史上有名的紅巾軍大鬧事了。

紅巾軍這麼一鬧，一下子就將天下劃分成了十幾個戰區，由南向北，至少包括了：

第一戰區：東莞何珍戰區

何珍，又稱何眞。孤兒出身，天賦異稟，書劍江湖，名動東南。上馬他是能征慣戰的猛將，下馬他是斯文儒雅的書生，大概是當時唯一能在智慧上與朱元璋媲美者，所以最後明智地放棄了對抗。

作爲回報，朱元璋將東莞送給他。此後，何珍一家在東莞認眞負責地繁衍生息，流傳至今。

第二戰區：延平陳友定戰區

陳友定，孤兒出身，身材高大健壯，本是福州府一個不識字農家的孩子，因爲從軍，很快顯露出卓越的軍事才能。自始至終，他對大元帝國都是忠心耿耿，旗幟鮮明地反對朱元璋登基爲帝，因此被幹掉。

第三戰區：台洲方國珍戰區

方國珍，海盜出身，熟諳操船技巧，乃各路人馬中最具技術含量者。

任何時代，技術人員總是吃香的，所以此人初始受到大元帝國的招安，而當朱元璋雄霸天下後，更將他請到南京，授予優差，讓他捧著飯碗慢慢地吃，直到幸福老死在床上為止。

第四戰區：南昌陳友諒戰區

陳友諒，那時最有軍事才幹和雄心壯志的英雄，奉的是天完皇帝徐壽輝的旗號，與小明王韓林兒對著幹。

完全可以說，他是朱元璋最可怕的對手。幸好這傢伙的性子有點急，時局猶亂，卻迫不及待地推翻草台班子天完政權，自行登基稱帝。

這其實也表明了此人太過缺乏自信——真要是有自信，認為天下遲早會落入自己手中，又何必急成這般模樣？

第五戰區：漢陽徐壽輝戰區

徐壽輝，是由一個懂妖術的和尚扶立起來的。

選擇他，主要因著他的模樣長得怪異——人不怕長得醜，就怕太普通。由於模樣奇特，他很快便成為當地的革命領袖，並建立起全新的政權體系，另立中央，分裂起義軍，與小明王分庭抗禮。

第六戰區：開封韓林兒戰區

韓林兒，小明王，他是當之無愧的群雄之首。只有他，才擁有獨一無二的革命綱領，才足以領導這場偉大的民族復興運動。

儘管他的政治綱領相當粗糙原始，無非是燒香磕頭，可別的兄弟就連這種技術手段也沒有。自然而然，小明王成爲當之無愧的思想導師，不唯各路義軍奉服，連大元帝國的許多兄弟都偷偷摸摸跑過來。

這個戰區，堪稱當時的思想策源地。

第七戰區：高郵張士誠戰區

張士誠，蘇北白駒場商鎮著名船工，每天光著脊背、赤著雙腳，手拉縴繩高唱：「妹妹你坐船頭，哥哥我在岸上走，恩恩愛愛纖繩蕩悠悠……」一天正唱得開心，忽被一名小鹽官制止。他悲憤莫名，遂率十八兄弟將鹽官殺掉，從此招募黨徒，威行高郵。

第八戰區：濠州郭子興戰區

郭子興，濠州遊俠，與孫德崖等四人各自集結自己的兄弟，因爲年長，故被推爲首領，奉紅巾軍小明王之號令，從此獨霸濠州。不管是哪路人馬，只要侵犯他的地盤，便不客氣地打之。但這人本身在衆家兄弟中的影響力遠遠不足，因而爲日後的分崩離析埋下伏筆。

第九戰區：西安李思齊戰區

李思齊，元末四大名將之一，河南南部羅山縣人氏。早年也在江湖上吃飯，後來接受朝廷的招安，成爲大元帝國最優秀的戰士，一生主要業績是跟己方盟軍廝殺。

第十戰區：太原擴廓帖木兒戰區

擴廓帖木兒，大元最具戰鬥力的猛將察罕與一名漢族美女生下來的孩子，漢名王保保，他在這段時間的戰爭記錄，主要是和四大將之一的李思齊對殺，他的贏面一直比較的大，只是帝國輸光了。

第十一戰區：成都明玉珍戰區

明玉珍，元末明初最低調的人，因之成就極大的人生事業。他生具異相，雙目四瞳，智慧深不可測，最大的夢想就是躲在家裡當土財主。無奈紅巾軍禍亂天下，徐壽輝發來詔書，強迫他立即投身民族解放事業，於是拔寨而走，一路逃到四川，關起門來當了大夏皇帝，並幸福地死在龍椅上。

至於他的後人，全都遭到朱元璋誅滅。

第十二戰區：山東田豐戰區

田豐，與王士誠同為大元帝國將領，鎮守山東。小明王起事之後，哥倆兒登時心動，立即實現山東易幟，扯下大元帝國的戰旗，換上小明王的旗號，還捎帶腳宰掉了大元最狠名將王保保的親爹。

此舉自然惹火王保保，摧師猛進，將此二人宰殺。

除開上述十二大戰區，還有劉益的遼陽戰區、益都的毛貴戰區等等。總而言之吧，天下糜爛至極，大元帝國徹底散板完蛋，是絕對可以確定的。但誰能於群狼的咆哮之中獨立潮頭，問鼎天下，仍是未知之數。

朱元璋，正是投奔了第八戰區的濠州郭子興，具體原因呢，是濠州離他比較近。此後，他將走出一條屬於狼的路，留在身後的，是無計其數的綿羊屍體。

第7章

殘酷的路線鬥爭

任何組織內部的路線鬥爭，結局都必然是慘烈的，遠不像敵我鬥爭那樣的和諧。而激烈的路線鬥爭，多發生在兩軍「勝利會師」之後。

曾有一個算命瞎子來到濠州，一家姓郭的富戶請他來算卦。進門後，他偷偷睜眼一看，發現這富戶居然有個雙目失明的漂亮女兒，當下大喜，閉著眼睛把門路記清。待到午夜，他果然悄悄地鑽進來，摸入盲姑娘的房間。

姑娘問來人是誰，他回答說，我是來陪你妳玩遊戲的，帶來了一樣好東西，摸摸看，保證妳從來沒摸過……

這一摸可就麻煩了，十個月後，可憐的盲姑娘，生下一個白白胖胖但來路不明的小寶寶，取名爲郭子興。

眨眼工夫，缺德孩子長大了。儘管胳膊粗，力氣大，可是腦子不清不楚，只因爲家大業大，有足夠的資格仗義疏財，才被江湖朋友奉爲遊俠。再後來，他也不知聽了誰的忽悠，竟然相信彌勒佛就要降世，於是整弓備馬，摩拳擦掌，準備跟隨在彌勒佛身後，投入到殺人放火的洪流中。

忽一日小明王韓林兒出世，江湖豪傑孫德崖急如星火地找來，「老郭，快別耽誤了，抓緊時間幹吧！拎刀子出門，看誰不順眼，先砍了他！」

於是遊俠郭子興反，佔據濠州，從此這一帶陷入兵亂。也由於此地與皇覺寺近在咫尺，朱元璋被迫走出寺廟，投木魚從戎。

一九五二年四月十五日，二十四歲的朱元璋來到濠州城門外，報名參加革命。史書上的記載表明，他是眞來對了地方，不過短短幾天工夫，就成爲郭子興最信任的手下，擔負警衛的重任。

問題來了：一個禿腦殼的和尙，憑什麼受到寵信？

答案很簡單，智慧。

什麼叫智慧？體現在朱元璋身上，是一種對人性最深刻的認知——舉著破碗整乞討三年，前前後後被不知多少條狗咬過，對人性之晦澀、之險惡，對於人心之迷茫、之恐慌，再找不出誰比他認識得更清楚。

昔日那些與他在討飯路上相逢的乞丐們，對於人之心性，有無如此認知？沒有，絕對沒有。即便乞丐多得鋪天蓋地，但在經歷了三年的乞討生涯，還肯下苦功啃書本者，爲數極少。

更何況朱元璋啃的又是佛經，其中無一不談人性之蒼涼與悲苦，乃人世間最大智慧集成。趴在書本上的他，就如同掉進米缸裡的老鼠，一番狂啃，造就出大幅超越當世人的高度智慧。

此外，朱元璋是自動自發的學習，與被動接受教育的人們完全不同。後者之中，許多都對學習充滿牴觸情緒。就如現今，每隔二十年左右，「學習無用」之類的論調總要重新掀起一陣風浪，而熱情宣傳此一論點的，恰恰皆是對學習抱著強烈牴觸心態的人。

兩相對照，朱元璋比任何人都知道思想的價值，儘管缺乏接受教育的最基本條件，還是發奮努力，讓自己的思想登上了智慧的高峰。總而言之一句話，這是一個有思想的人，一個充滿了大智慧的人，一個能洞察世事人心的聰明人。這樣的人，不要說是在由清一色的文盲組織的殺人團夥之中，放在任何時代，都能輕易地脫穎而出。迅速受到郭子興的關注，有其道理。

革命生涯就此開始，每天在首長的門外站崗放哨。又不多久，藏在他的禿腦殼中的智慧，連首長的老婆都發現了。

說起首長郭子興，他一共有兩個老婆，大老婆的兩個兒子都和朱元璋一般大了，對這個新警衛沒什麼感覺。二老婆卻是一位兼具慧眼的女人，注意到新來的這廝滿腦門思想、一肚皮學問，必非池中之物，於是果斷地提出建議：用婚姻將郭家與朱元璋聯繫起來，萬一這傢伙以後真有出息，自能分一杯羹。

郭子興採納了建議，把養女馬大姐嫁給朱元璋，就是未來的馬皇后。沒想到小夫妻的蜜月才剛剛過完，濠州就爆發了激烈的路線鬥爭……

任何組織內部的路線鬥爭，結局都必然是慘烈的，遠不像敵我鬥爭那樣的和諧。後者還有個投降的機會，前者卻只講究個你死我活。

但凡激烈的路線鬥爭，多發生在兩軍「勝利會師」之後，畢竟不會師，大家也鬥不起來。這一次也不例外。先是與紅巾軍劉福通齊名的芝痲李，在徐州遭遇到元軍主力，轟轟烈烈戰死。其部衆彭大與趙均用一路長征，翻山越嶺，終於來到了濠州，與郭子興、孫德崖部勝利會師。

會師之後，遠道而來的兩位用對郭子興擅自另立中央，分裂紅巾軍的錯誤進行了批判，強調所有兄弟一定要緊密地團結在以彭大、趙均用爲核心的領導班子周圍，再接再厲，再立新功……

而後會議結束，趙均用率親兵在門外堵住郭子興，說：「老郭同志，鑑於你的錯誤比較嚴重，組織上爲了挽救你，現決定辦你的學習班，沒意見吧？」

郭子興沒意見才怪呢！

怎奈大有意見的下場，是當場被打得鼻眼烏青，半死不活，跟著便給人扔進了孫德崖家的菜窖裡，讓他面壁思過去。

郭子興被辦學習班時，朱元璋恰好出差，回來後大急。再怎麼說都是他的岳父，倘若被查出歷史問題，當場鎮壓了，那他以後還怎麼混？

儘管情急萬分，但朱元璋不愧爲組織內部鬥爭的高手，不緊不慢地先分析了一下濠州組織內部鬥爭的規律：辦郭子興學習班的，主要是趙均用和孫德崖。另一方面，趙均用與親密戰友彭大之間，也存在著隱密的組織鬥爭。

弄明白這些之後，朱元璋馬上帶著大舅哥、小舅子、老婆馬氏、岳母張氏等一夥人找到彭大，說道：「我岳父郭子興始終堅定不移地支持你的正確領導，難道這也是錯？維護你作爲領導的威信，卻被辦學習班，這種做法，豈不是令親者痛，仇者快？」

彭大一聽大喜，「是誰擅自行動？沒有我的許可，怎麼可以辦郭子興的學習班？老郭是個好同志！」

有了彭大這句話，朱元璋立即又帶領郭家人衝入孫德崖家，一陣亂捽亂砸，連屋頂都掀了。最後好不容易從地窖裡找到郭子興，已被打得面目稀爛，慘不忍睹了。

消息傳開，那邊趙均用見彭大已經表態支持郭子興，雖然心裡不高興，但爲了維護安定團結的大好局面，只能隱忍不吭聲。

朱元璋則因此一仗成名，成爲郭家軍的繼任者。

一三五二年冬末至一三五三年六月，濠州戰役爆發。

這一場戰爭打得有模有樣、有聲有色，還有老天相助。

正當城內的義軍不支之時，元軍那邊的主將突然病死，於是大潰，濠州義軍取得了第一次反圍剿的偉大勝利。

勝利之後，朱元璋返回家鄉，熱情地宣傳革命，拉起一支七百人左右的游擊隊，隊伍中集結了未來大明朝所有能征善戰的猛將。他們輕而易舉地擊敗了一支元帝國的正規軍，兵力迅速上升到兩萬人。

正當朱元璋爲這兩萬多張吃飯的嘴發愁的時候，又一次路線鬥爭爆發了。

第8章

從此讓我為狼

朱元璋掉轉馬頭，逕自狂逃。孫德崖的部眾吶喊著追上來，翎箭破空聲不絕於耳，又聽噗哧噗哧聲大作，長槍戮透了甲衣。再跑，把你的屁股戮成皮篩子！

這一場鬥爭，首先爆發於朱元璋和岳父郭子興之間。正當岳婿鬥得火熱之際，老冤家孫德崖忽然又攪和進來，從而導致爭鬥形勢提升到前所未有的複雜程度。

此次路線鬥爭，又稱和州扯皮。

話說這一日，朱元璋正在坐在軍帳裡發愁，突然帳門外出現一個人，嚇得他騰的一聲蹦起來。

定神一看，來的原來是老岳父郭子興，居然不打招呼，也不許手下人通報，就這樣怒氣沖沖地闖進來，來意明顯不善。

進門之後，郭子興當中一坐，怒目瞪來，喝問道：「你知罪嗎？」

要說朱元璋這人，沒別的特點，就是腦子轉得超快，一聽這句話，就知道自己的麻煩大了。不能夠回答知罪——那豈不是正好砍了？也不能回答不知罪——這只能激怒郭子興，說他狡辯。

說知罪也不對，說不知罪也不對，到底應該如何一個說法？

他的回答是這樣的：「岳父大人，家裡的事兒好說，只是外邊的事情急如星火，得馬上辦。」

郭子興果然上當，忘了再問知罪不知罪，反而被牽著鼻頭走，連忙問道：「外邊啥事？」

「孫德崖。」

這裡邊有人家老孫什麼事？郭子興越想越糊塗，思前想後，反倒把自己為何而來給忘了，只低頭喝起悶酒，一直喝到天亮。

天一亮，孫德崖來到了大營外，與朱元璋辭行，說：「我和你岳父合不來，以後還是各走各的路吧！」

「元帥既然執意要走，不如先讓我送你的部隊出城，元帥則居中殿後，你看可好？」

朱元璋的意思，是防止兩軍發生摩擦。

孫德崖當即同意。

浩浩蕩蕩的大軍開始出城，朱元璋走在前面相送。正送之間，突然後面快馬急報，說城中孫德崖與郭子興發生交火。他一聽就急了，忙對其他人道：「你們走先，我去趟洗手間！」語罷掉轉馬頭，逕自狂逃。

孫德崖的部衆怒不可遏，吶喊著追上來，翎箭破空之聲不絕於耳，箭箭都射在鎧甲上，射得他東倒西歪。又聽得身後噗哧噗哧之聲大作，原來是長槍戳透了甲衣，再跑，再跑把你的屁股戳成皮篩子！

形勢比人強，饒是朱元璋如何英明神威，這時也只能乖乖舉手投降，淪爲孫德崖部衆的俘虜。

這時的和州城中，倒楣的孫德崖也淪爲了人家的俘虜。

郭子興命人將他套上大枷，拿酒杯往他的嘴裡灌，「老孫，喝酒！喝喝喝！你不喝就是看不起我……」灌得他直翻白眼。

眼看孫德崖要被活活灌死了，忽見徐達光著腳丫子跑來，「報告首長！我和朱元璋首長都被孫德崖的部衆俘虜了，現在他們放我回來，請求走馬換將。請組織考驗我！」

考驗你個頭啊！郭子興先是大怒，可靜下心來想想，再怎麼說，朱元璋都是自己的女婿，算是忠心的，眼睜睜看著他讓人家燉熟了吃掉，好像有點不厚道。

沒辦法，那就走馬換將吧！

一聲令下，朱元璋和孫德崖各自被五花大綁地放在馬背上，到了兩軍陣前，雙方同時一拍馬屁股，兩匹馬便向著自己的軍隊相對而行，順利完成人質的交換程序。

很顯然，朱元璋不怎麼喜歡這段美妙的經歷，在自傳中有意地忽略了它。但正是這件事，印證了他過人的智慧——戰爭是非理性的，戰場上更充滿了變數。饒是你有天大的智慧，也奈不得雪亮的鋼刀切過脖子。

設若當時有哪位兄弟箭射得不準，又或是長槍稍稍戮大了勁，噗哧一聲，將他戮了個對穿，如何能有後來的大明帝國？

所以聖人說，君子不立危牆之下——有毒的東西別吃，危險的地方，咱可千萬別去。

然而，戰爭這東西，你不去惹它，它卻不肯放過你。眼下的朱元璋，已經身不由己地捲入了時代的漩渦中。

既然如此，就讓我成爲荒原上最兇殘的狼吧！

內心最深深深處，他一定發出了如此淒惻的呼嚎。

第9章

内部資源的血腥整合

徐壽輝因為生得古怪，被推舉為皇帝。宰相倪文俊瞧著他，越瞧越上火。世上的皇帝雖多，可誰聽說過一腦袋漿糊，只是模樣長得古怪就有資格當的？

和州換俘事件，必然給朱元璋帶來了前所未有的心靈刺激。從那一天起，他再也不願意讓事情脫離控制，再也不願意把命運交付給充滿了變數的隨機準則。他開始發揮從佛經中悟得的智慧，打造屬於自己的鐵血衛隊。

此時，郭子興經過和州事件的刺激，突然發病身亡，權力落入兒子郭天敘、小舅子張天佑及朱元璋三人之手。

郭、張二人的智慧實在上不了檯面，朱元璋自然更進一步地牢牢抓住軍權，再加上猛將鄧愈、常遇春、廖永忠等人來到，實力大增。

此後爆發了集慶城血戰。這場戰役的契因，在於元軍集結優勢兵力，對朱元璋部發動了一次大規模的圍剿。主力乘船走水路，陸路則由偽軍保安團負責，頭目叫陳野先。

朱元璋首戰陳野先，暗伏奇兵於後，忽地發難，兩下夾攻，將之生擒。然後，他好言好語地宣傳了政策，進行了教育，隨即將人釋放，命其帶領自己的兵馬，與郭天敘、張天佑配合攻打集慶城。

陳野先假意歸順，趁機請郭、張二人喝酒，直接在酒桌上一刀切下前者的腦殼，又將後者五花大綁送進城裡。緊接著便大舉反攻，殺得紅巾軍屁滾尿流，落荒而逃，一口氣被砍掉兩萬多人。

正當反動派陳野先得意洋洋，乘勝追擊時，不提防平地裡一聲吶喊，憑空殺出一支大元帝國的保安團。

這夥僞軍不知道他正在追殺紅巾軍，只知道他已經投降了朱元璋，不由分說，上前亂刀齊下，硬是把人給剁成了零碎。

放眼朱元璋的帝王征途，陳野先之死具有決定性的意義。

可以說，再沒有誰比朱元璋更瞭解晦澀的人性。他有意把陳野先和郭天敘、張天佑湊成一堆，三人不殺個死光死絕，豈能甘休？郭、張之死，更確定了他在濠州系軍隊中至高無尙的地位。組織內部慘烈的路線鬥爭總算告一段落，此後將可放開手腳，好好地大幹一場。

不過，逐鹿中原之前，還有一樁急如星火的事情要辦。老岳父郭子興家裡，只剩下一個孤苦伶仃的小女兒了，朱元璋趁人不備，一把將小姑娘拖入自己帳中，「小妹妹不要怕，以後就讓姐夫照顧妳吧！」納爲第三房小妾，以展示自身宏大的博愛胸懷。

克集慶、據應天，到得朱元璋從軍五年後，也就是二十九歲的時候，他已經成長為一名優秀的軍事統帥，手下人馬達十萬之衆，具備了問鼎天下的資格。

他的目光，轉向了鄱陽湖。

大漢皇帝，陳友諒。

說起這陳友諒，他也是剛剛完成了內部資源的整合，歷經了殘酷的路線鬥爭，才終於成功掌握全部權力。

此人的路線鬥爭，主要發生在他和天完皇帝徐壽輝、宰相倪文俊之間。

說起這天完皇帝徐壽輝，本是一名布販子，因為模樣生得古怪，被推舉為皇帝。宰相倪文俊在一邊瞧著他，越瞧越上火。你說，世上的皇帝雖然多，可誰聽說過一腦袋漿糊，只是模樣長得古怪就有資格當的？

倪文俊火越燒越旺，於是就琢磨著是不是搞個換屆選舉什麼的，可也知道徐壽輝不會答應，那就只好……殺了他！

徐壽輝可也不是吃素的，好不容易弄到一張龍椅，豈有輕易讓人的道理？當即決定先下手為強。

倪文俊被迫出逃，一口氣逃到黃州，陳友諒的管轄範圍。這位地頭蛇見他來到，大喜，立即殺之。

徐壽輝得知此事，龍心大悅，遂帶了三宮六院，浩浩蕩蕩地開往陳友諒的防區旅遊。人家優哉游哉地等他來到，把門一關，讓手下兄弟拿出一只大鐵錘，啪唧一聲，就把天完皇帝的腦殼給砸碎。

隨後，陳友諒動作飛快地登基，國號大漢，年號大義。登基那天正逢暴雨瓢潑，將文武百官淋得個個如同落湯雞。

落湯雞也沒關係，不管怎麼說，反正人家是皇帝了。緊接著，陳友諒鋒芒直指，進逼鄱陽湖，要拿下朱元璋。

大明王朝決定性的戰役，史稱明漢之戰，由此展開。

第10章

一定要水戰

陳友諒的漢軍發現一支孤伶伶的明軍水師，欣喜若狂。可憐那明軍水師人少船小，眼看就要徹底玩完，卻在這當口，漢軍水師驚覺一件可怕的事……

陳友諒之所以雄心勃勃，主要因著他的實力過人，乃群雄中最強大的一方。在戰略上，他也是英明神武的，採取了最爲正確的遠交近攻手段，聯絡了高郵的張士誠，企圖發動兩路夾攻，打掉朱元璋這個分裂主義分子。

一三六〇年六月十一日，明漢之戰太平戰役打響，陳友諒揮師而入，順流東下。水軍大艦名爲混江龍、塞斷江、撞倒山、江海鰲等，共一百多艘。戰舸數百條，正所謂投戈斷流，舳艫千里，遠望江面上帆影無數，旌幟狂舞。

朱元璋的部屬全都嚇破了膽，趕忙在軍事會議上提出兩個完美的解決方案：

第一個方案：投降。趕早不趕晚，降得早了，說不定人家大漢皇帝一高興，還能封自己一個官當當。

第二個方案：逃跑。速度一定要快，馬上收拾行李，捲好小包裹，走得慢可是會沒命的。

這兩個方案很快就被證明是正確的。

不過三天的工夫，陳友諒就輕而易舉地攻下太平，並且生擒朱元璋麾下猛將花雲。隨後，有鑑於這傢伙的腦殼比花崗岩還要頑固，不肯迷途知返，甚至企圖反戈一擊，乾脆直接砍了他的腦袋。

朱元璋陷入了困境。他的作戰部隊人數並不少，無奈水軍的實力對比，眞是天差地遠。明漢水軍，比例爲一比十。衆謀士紛紛提出建議：「既然一不投降，二不快逃，不如將陳友諒誘上岸來，再展開決戰。」

出乎衆人的意料，朱元璋同樣否決了建議。他一定要和陳友諒展開水戰，在水面上擊敗這個強悍的對手。

爲什麼？

因爲他很清楚，戰爭，打的一不是人多，二不是士氣，是建制。

啥叫建制？

用現在的話來說，就是班排連營團。

戰場上，士兵聽班長的、班長聽排長的、排長聽連長的、連長聽營長的……一級聽從一級，並且是無條件的服從，使部隊得到強大的戰鬥力。倘若打亂了套，士兵找不到班長、班長找不到排長、排長找不到連長、連長找不到營長，那會如何？

那樣的狀況，就意味著兵敗如山倒。無論你擁有多少人，一旦建制被打散，強大的軍隊就與一團散沙無異。失去相互的配合，只能在險惡的戰場上各自爲政，面對的又是敵人有組織、有默契的進攻，處於這種情況下，不潰敗的可能，根本就不存在。

要想擊敗陳友諒的水軍，打散他的建制，最適宜的地點，既非岸上，也非水裡，而是岸邊的水裡，水軍登陸的時候。

萬一水軍不肯登陸呢？眞正要的，就是你以爲自己沒有登陸，實際上卻在登陸的狀態中。不是這麼個打法，又如何能贏？

什麼叫作「你以爲自己沒有登陸，實際上卻在登陸的狀態中」？

此一奧秘，很快就能揭曉。

話說陳友諒的大軍駛過龍灣，直逼江東橋，突然發現水面上有一支孤伶伶的明軍水師，欣喜若狂，當即發出震天價響的吶喊之聲，狂追過去。

可憐那支明軍水師人少船小，怎奈得對方狠命的追殺？眼看就要徹底玩完了，卻在這當口，漢軍水師赫然驚覺一件可怕的事：此時，他們並不是在水面上，也不是在陸地上，而是處在介於水陸之間的岸上。四面八方，朱元璋的陸軍正瘋了一樣地殺來……

這是怎麼一回事？

哦！原來是退潮了。

可憐的漢軍，他們不明水勢地理，不知道在特定的地點、特點的時間，江水是會退潮的。朱元璋則是早就曉得這一點，刻意將對手都誘到此處。

此時潮水突然退去，漢軍的戰船頓時擱淺在泥灘上，逃無處逃，躲無處躲，被朱元璋揮動小黃旗驅趕部衆殺來，一通狂砍，直如殺豬宰羊。當場宰殺漢軍兩萬多人，俘虜七千之衆。

這一場戰役有個名堂，叫龍入淺水遭蝦戲——不怕你是蝦子，只怕你不明規律，單只鑽入深水向蛟龍單挑，這叫不智。而將蛟龍誘至灘邊，是殺是宰，是烹是炸，展現的是非同小可的計謀與智慧。

第11章

追求平等的謀殺

忽然一陣風起，將一面紅旗捲到了朱元璋臉上。他一把抓住旗角，放到鼻頭前嗅了嗅，皺眉道：「不對，這事不對頭。風中怎麼會有如此濃烈的殺氣？」

取得龍灣大捷之後，朱元璋趁熱打鐵，率水師沿江而下，進入江西，尋找陳友諒的主力，企圖展開總決戰。

偏在這時爆發了兩起惡性事件，一是祝宗、康泰反動集團叛亂案，另一樁是邵雲、趙繼祖反動集團叛亂案。

祝宗和康泰，不過是兩名低級軍事將領，但隨著軍隊實力的擴張，野心也越來越大。忽一日，兩人率水師來到由朱元璋麾下大將鄧愈鎮守的南昌，不由分說，先殺散城外的兵丁，又用火炮將城門轟得稀哩嘩啦，而後衝入城中，大砍大殺。

鄧愈見勢不妙，當下高叫一聲：「你們掩護，我走先！」隨即沒命地逃出城門，孤身回到南京。

聽聞這事，朱元璋很不開心，就想，要不我先到南京城外閱兵去吧！閱閱兵，看那些傻頭傻腦的士兵在自己面前噤若寒蟬的模樣，心情應該能夠好起來。

閱兵大典由大將邵雲負責調度。

此人是打小和朱元璋光屁股玩到大的夥伴，自然是忠心耿耿，無須懷疑。老朱很放心，便由任自己如木偶一具，聽從人家的各種擺佈安排。

閱兵閱到七七八八，三軍將士還傻兮兮地在大野外邁正步，這邊朱元璋已經在邵雲的安排之下，由一支扈從保衛著回城去了。一行人很快走到城門前，忽然一陣風起，將一面紅旗捲到了他臉上。

他一把抓住旗角，放到鼻頭前嗅了嗅，皺眉道：「不對，這事不對頭。風中怎麼會有如此濃烈的殺氣？」

什麼？朱元璋到底是人，還是野生動物？怎麼連風中的殺氣都能夠嗅出來？

正當眾人目瞪口呆之際，他老兄又發話了：「這座城門殺機太重，分明有人在搞政治陰謀，要謀害我。」說完，轉而吩咐身邊人，「去把常遇春叫來，讓他立即保護我，從另一個城門進城。」

猛將常遇春飛馬趕到，先護送他從另一個城門入城，然後吩咐部將穿城而過，直搗方才不能走的那座城門。

到了地方一看，嘖嘖！好傢伙！許多伏兵正在門旁探頭探腦，就等著朱元璋走進來，摟頭一刀。

誰幹的？

先將伏兵群砍殺大半，剩下的抓起來仔細審問，輕鬆找出下達命令的幕後主使者。不錯，果然就是邵雲，他還秘密聯繫了另一名將領趙繼祖。

兩人的計劃是事先在城門口埋伏下死士，再由自己的親兵護送朱元璋回城，待其一腳踏入門裡，一腳還在門外之際，門內伏兵與後頭的親兵同時發動攻擊，不把人給砍成碎塊，事情就不算完。

大家從小玩到大，邵雲爲什麼要這麼幹？

邵雲有他的合理解釋：「正因爲大家從小玩大，小時候你不比我高，大了後我也不比你矮，憑什麼你要人五人六地高踞上座？憑什麼我要翹起屁股趴在你的腳下，對著你的鞋底磕頭？大家都是爹生媽養的，都是一樣的人，扎誰一刀子都是哧哧噴血，憑什麼你朱元璋就可以坐在後方，揮舞著小旗，逼迫著別人去和那些陌生人對砍？我們把人家砍死了，贏家是你朱元璋。人家把我們砍死了，你朱元璋也損失不到一根汗毛。憑什麼？憑什麼你能這樣做？」

朱元璋一聽，激動地站了身來，「有道理，你說得眞是太有道理了！如此深刻的人生道理，有必要讓兄弟們都來聽一聽。」他口中所謂的兄弟們，就是和邵雲一樣從小玩到大，如今又一起打天下的軍事將領們，總計二十二人——先前被陳友諒殺了一個花雲，後來新添一個常遇春。

聽說邵雲情緒不佳，竟然要幹掉朱元璋，衆兄弟大駭，一時間不知道說什麼才好。有心替邵雲求情，又擔心惹朱元璋不高興，給自己帶來麻煩。可若不求情，難道就這麼眼睜睜地看著幼年的夥伴被殺？

會議上只有常遇春和邵雲沒交情，大喊大叫、大吵大鬧，說什麼都要按軍令將謀反者幹掉。其他將領說不出反對意見，這條決議自然通過。

很快的，血淋淋的首級呈上。

衆將領氣色灰敗，耷拉著腦袋，邁著沉重的步子，走出朱元璋的大營。他們，全都忽略了後面那對冷酷的眼睛。

一場會議，決定了所有人的命運。

朱元璋召開這次會議，背後眞正的目的，在於弄清楚誰可能成爲第二個邵雲，誰會在他香甜酣臥之際，突然給他一刀。

這些人都會，所有人都會。

最可怕的對手不是敵人，是你身邊信任的戰友。

就在這一刻，朱元璋深切地意識到：衝突與叛逆，原本是就是組成晦澀人性的重要部分。只要你持續向前走，追隨在後的那些人，遲早要成爲最可怕的敵人。

沒有例外，不會有例外。此前從未曾有，此後更加不會有。

第12章

所以，我需要敵人

實在難以置信，張士誠竟然推行高薪水、高獎金制度，管你什麼階級敵人異己分子，只要願意來這裡吃飯，金銀珠寶隨你往家裡搬，能搬多少搬多少。

由於朱元璋的刻意渲染，發生在一三六三年的鄱陽湖水戰，吸引了眾多史家的關注。可實際上，這一場戰役乏味已極。後人往往注意著江面上慘烈的廝殺，卻不知江上的血戰，不過是副戰場。

主戰場，在主將的身邊。

當朱元璋以規範的手段清理掉身旁的礙事者，陳友諒卻暴露了他的綿羊天性。

一路說到這裡，朱元璋已經打掉了祝宗、康泰及邵雲、趙繼祖兩個讓他不開心的反動團夥。看看另一邊，陳友諒打掉了誰？

沒有，誰也沒有。

連睡在身邊的階級敵人都不快點想辦法打掉，這場仗，你憑什麼贏？

所以了，當戰事進入最激烈的階段的時候，陳友諒身邊的階級敵人紛紛跳出來，當頭給了這善良的老兄一記悶棍。

先是他的左金吾建議繼續打，打死朱元璋這個狗日的。右金吾將軍則建議休息休息，仗是打不完的，以有限的人生，打無限的仗，殆矣。

兩位將軍的意見嚴重衝突，陳友諒選擇了左派。

右金吾將軍一看自己的意見沒有受到足夠的重視，大怒，拔船而走，帶著水師投奔了朱元璋。

左金吾將軍一看大驚，情急之下，趕緊追來，老哥倆不離不散，不死不休，乾脆一塊去朱元璋那裡吃飯吧！

但凡新加盟的員工，總是表現得比老員工更爲積極。更何況左右倆金吾已經有過跟隨陳友諒的歷史污點，更需要好好表現。

於是，兩活寶爭先寫信狂罵前任老闆的上八輩子祖宗，存心激怒人家，並等著他彈盡糧絕的時候到來。

仗打到這份上，左右金吾紛紛投敵，對陳友諒造成的心理打擊，自然是毀滅性的。現在他才知道皇帝不好做，皇帝應該是匹狼，可他充其量只是一隻大尾巴的老綿羊。以前之所以凶，只是因爲始終在羊群裡逞威風，而今遭遇到貨眞價實的餓狼，遊戲如何還能玩下去？

叛亂帶來的心理震撼，引發了軍事上的徹底崩潰。眼看著不久前還在己方左翼或右翼的戰友，這時候擺出一副猙獰的嘴臉，殺氣騰騰地拎刀子衝過來，任誰也受不了。陳友諒水軍大潰，老綿羊首領中流矢身亡。

此役，奠定了朱元璋無可比擬的軍事優勢。放眼天下，只剩下一個張士誠還趴在蘇州城裡，愣是不肯挪窩。

如果把陳友諒比喻為一隻比較強壯的老綿羊，那麼，張士誠就該是一隻牙齒掉光了的老山羊。

總之，都是羊。

實在令人難以置信，張士誠從未在自己的組織內部搞過整頓，從未揪出過任何一個階級敵人，從未挖出過什麼反動集團。更加不可思議的是，他竟然以恩御眾，推行高薪水、高獎金制度，管你什麼階級敵人異己分子，只要願意來這裡吃飯，金銀珠寶隨你往家裡搬，能搬多少搬多少。

好個張士誠！對部眾是如此的剖肝瀝膽，幾乎都要把心窩子掏出來了。大家應該好好珍惜這位得之不易的好老闆，忠心耿耿地替他賣命，對不對？

這想法不能說有錯，但別忘了，再多再美的金銀珠寶，都只有活著的人能夠享受。倘使上戰場把命賣掉了，還怎麼來擁抱幸福人生？

再者，人性是慣於攀比的，你張士誠給我的財寶是多，可給別人的也不少啊！

憑什麼你也要給別人這麼多？

完了，人性暗惡的糾結，決定了善良老山羊最終的命運。

一三六七年十月一日，明軍攻破蘇州城，衝入張士誠的臥室，不由分說，一把掐著脖子將他提溜出來，從此淪爲俘虜。

至此天下已定。派大將徐達和常遇春去把元人趕走，派胡美去蕩平福建，派湯和和廖永忠去擺平廣東和四川。剩下來的事兒，就是登基了。

西元一三六八年，四十一歲的朱元璋於南京登基，國號爲明。

成了萬人之上的皇帝，朱元璋收回他的目光，再度轉向自己身邊，尋找全新的獵物。他終究是一匹饑餓的野狼，即使坐在了龍椅之上，仍能清晰地感受到人性激鬥引發的凜凜風寒。

就這樣開始吧！不要說我殘忍，不要說我兇狠，怪只怪再沒有人比我更瞭解人性的暗惡。生而爲狼，必須憑藉殘酷的搏鬥來保持旺盛的鬥志，以及不屈不撓的奮發精神。

所以，我需要敵人——在心裡，朱元璋對自己如是說。

第13章

重新定位自己

朱元璋將明教的老底抖落出來：焚蕩城郭，殺戮士夫……想當初，這些活可都是他老朱本人負責「執行」的，而今一股腦地扣到小明王的腦殼上。

一三七〇年，天下大旱，饑民流於荒野。

朱元璋認爲，這場大旱是上蒼對他朱氏家族的一個惕勵，其深刻意義將在此後的日子裡慢慢顯現。爲了隆重地應對這一徵兆，他命令太子朱標以降的所有皇子不許再喝酒吃肉，穿上粗布衣服，跟隨他去宮外祭天，乞求上蒼繼續將力量賜予他們。

凌晨，朱元璋穿上粗布衣服，足踏芒鞋，身後跟著由大腳馬皇后帶領的嬪妃隊伍，人手一個粗飯團，這是將他們今天全天的伙食。

到了地方，朱元璋端坐於草席之上，迎對烈日，從早到晚，讓酷烈的太陽曝曬自己。人們都以爲他在求雨，只有他本人心裡清楚，眞正想著的，是那段最艱苦的歲月。

儘管過了好一段養尊處優的日子，內心仍然懷抱著狼的夢想。他沒有忘記，只有處在最饑餓的狀態裡，才能喚醒沉睡於野狼體內的瘋狂鬥志。

終於重新感受到久違的饑餓，嗜血的激情，再一次燃燒整個生命。

殺戮，是野狼的光榮！

皇帝朱元璋的第一個對手，是明教。

明教曾是他賴以托身的思想家園，早在於濠州參加郭子興的革命隊伍時，就日日跟著戰友們晨昏三叩首、早晚三炷香，對教主小明王頂禮膜拜。可隨著他一步步地走向權力中心，塗抹在教主臉上的粉飾便慢慢被揭開，露出了一張昏庸晦澀的臉。相較於他所具備的能力與智慧，那張臉，原來是如此的微不足道。

可想而知，以權力為輔助，以自身的思想為武器，朱元璋開始向明教展開聲勢浩大的討伐。

近睹有元之末，主居深宮，臣操威福，官以賄成，罪以情免，憲台舉親而劾仇，有司差貧而優富。廟堂不以為慮，方添冗官，又改鈔法，役數十萬民，湮塞黄河，死者枕籍於道，哀苦聲聞於天。致使愚民誤中妖術，不解偈言之妄誕，酷信彌勒之真有，翼其治世，以蘇困苦，聚為燒香之黨，根據汝潁蔓延河洛。妖言既行，凶謀遂逞，焚蕩城郭，殺戮士夫，荼毒生靈，千端萬狀……

這是朱元璋所發佈的打擊「香黨」檄文，文中，他一筆抹煞掉過往在小明王法像前磕過的頭，直接了當地將明教的老底抖落出來：焚蕩城郭，殺戮士夫……想當初，這些活可都是他老朱本人負責「執行」的，而今一股腦地扣到小明王的腦殼上，讓人根本沒地方說理去。

通過這道檄文，他給了自己一個全新的定位，將明教的負資產從系統中徹底剝離，留給別人的，是純粹的戡亂英雄形象。形象的背後，尚有百萬大軍作靠山，有誰不同意，儘管來和這百萬人較量較量。

小明王當然沒有較量的資本，更何況他早就在渡江的時候神秘地淹死了。這種死法相當適合他——顯而易見，長時間居於領導的崗位，全然無助於智力的絲毫提升。打了好多年的仗，居然連個像樣的名堂都沒有混出來，被紅牌判出場，實屬無奈。

徹底滅除明教，朱元璋終於迎來了他的眞正對手，王保保。整個時代唯一可與他媲美的英雄人物，另一隻遊走於漠荒的野狼。

第14章

當野狼遇上野狼

朱元璋開始給王保保寫信，一共寫了七封，求和好、求通商、求聯姻、求互不侵犯、求各守邊疆、求弔喪、求問候……所有能夠想到的荒唐理由都用上。

曾有一次，朱元璋大宴群臣，問曰：「衆位愛卿，你們說，在我朝之中，誰是眞正的奇男子？」

奇男子？每個人都希望獲得這一榮譽，又都清楚希望渺茫，索性老老實實地回答道：「若說我朝奇男子，當屬常遇春是也。統兵不過萬人，卻橫行無敵，實在是不可多得的良將。」

朱元璋搖頭笑曰：「常遇春的確勇猛，我卻可以輕而易舉地統御他，讓他往東，他不敢往西；讓他追狗，他不敢攆雞。說到底，他不過是一頭……總而言之，絕對稱不上奇男子。你們得另行推薦人選。」

衆臣你看看我，我瞧瞧你，有心思靈活的，當即哭道：「陛下，吾等腦殼裡都是純正的漿糊，不會思考，只懂得爲陛下效犬馬之勞。請別嫌我們愚蠢，快點把答案揭曉了吧！求你了，陛下！」

朱元璋哈哈大笑，「當今天下奇男子，唯有王保保！」

王保保乃何方神聖？

王保保，作爲元重臣察罕和一位漢人美女生下來的混血兒，當朱元璋稱讚他是奇男子的時候，他正在內蒙古自治區和林格爾的漠原上，策馬狂追潰敗的明軍。明軍中，與常遇春齊名，公認最能打的猛將徐達，只能光著兩隻腳丫子，混雜在敗兵的隊伍裡，瘋了一樣地狂逃。

這是深入大漠追擊元帝國的明軍，遭遇到的第二慘烈的一場失敗。至於最慘烈的那場失敗，就發生在幾天之後。

逃到嶺北的徐達與朱元璋的外甥李文忠相遇，重整旗鼓，回師再戰，結果卻是兩人一塊混雜在敗兵的隊伍中，拚了老命地比誰能逃得更快。

很顯然，王保保非常能打，是已經潰散爲一盤散沙的大元帝國的最後英雄。

奇怪了，既然能打，怎麼一開始不出來滅了朱元璋？

原因很簡單，王保保始終處於帝國內部的路線鬥爭之中。關中四大名將：李思齊、孔興、脫列伯及張良弼，也不知抽了什麼邪瘋，沒完沒了地圍著他亂砍亂殺。以一敵四，縱然他有能力不被四大名將砍零碎了，也確實騰不出手來再陪其他人玩。若非如此，朱元璋如何能順風順水，奪得天下？

登基之後，朱元璋派徐達深入大漠，活捉脫列伯，砍死孔興，李思齊見來人要玩真的，急忙丟了武器投降。只有張良弼比較缺心眼，竟然一溜煙地逃到王保保處，希望雙方盡釋前嫌，同赴國難。

拜託！人家都快要被他這個王八蛋氣死了，豈會客氣？王保保不由分說，直接把張良弼推出砍了。

四大名將灰飛煙滅，荒漠一匹狼終於騰出手來，大敗明軍。

史載，王保保一戰立威，兩次大敗徐達，共砍死明軍四十多萬人，基本上把大明王朝的一半人馬都給砍了。

四十多萬人，這可是一個非常龐大的數字。不要說砍四十萬的大活人，就是殺四十萬頭豬，也需要經年累月的工夫。他老兄偏偏只顧埋頭砍人，不曾停下來想想自己的家人，弄得他們悉數被朱元璋擄走。

擄來一看，原來王保保有個小妹妹，貌美如花，心思靈慧。朱元璋龍顏大悅，立即叫來二兒子秦王，吩咐道：「快把這小姑娘帶回家，關上門好生幸御，以後她就是你老婆了……小心哦！這丫頭可是會九陰白骨爪的……」

然後，他開始不知疲倦地給王保保寫信。

前後一共寫了七封，求和好、求通商、求聯姻、求互不侵犯、求各守邊疆、求弔喪、求問候……所有能夠想到的荒唐理由都用上了，怎奈對方始終不肯回覆。不僅如此，還連同送信的人都一併扣下。

終於，他急了，再也無法按捺，「王保保只一出手，就砍掉我們一半的人馬，要是再來一刀，怎麼了得？馬上派個人……那誰，就那誰……對！就是李思齊，關中四大將，你肯定有辦法對付王保保，當初要不是你纏著他，現在我們大家早被砍光了，所以今天還得你來……什麼？不去？不去就先砍了你！」

萬般無奈，李思齊只能硬著頭皮出發。本來以爲一見面自己就會被宰掉，不曾想王保保卻是極客氣，每天好酒好菜、好飯好茶，一個勁地往他的肚子裡灌，就是不聽任何勸降的話。

如此過去好長時間，李思齊終於死了心，告辭回去，昔日的冤家還派了一隊親兵專程護送。

一行人馬走啊走，臨到了交界的地方，親兵們說話了，「李將軍，你好不容易才來一趟，留下點紀念給我們吧！」

「我是爲公事來的，沒帶多少銀子。要不，咱們先欠著？」

「李將軍，你看你這腦子！咱們直說吧，留下一條手臂，如何？」

「唉！我礙了王保保這麼大的事，就只留下一條手臂，這買賣，我賺大了。」

言訖，他抽出刀來，狠狠一剁，切掉自己的手臂，「快接著！回去後記得放冰箱裡冷凍，要不然肉就餿了。」

不多久，李思齊因傷口感染發作，一命嗚呼。

知道王保保是鐵了心，朱元璋犯難了，「他娘的，這可怎麼辦呢？要不，咱們戰略撤退吧！」

正說話間，忽有偵察兵飛馬來報：「王保保近日急病發作，突然病死。」

聞訊，朱元璋呆愣當場，良久才仰天長歎：「老天啊老天！好不容易找到一個對手，你竟如此狠心，讓我繼續承受孤獨的折磨！」

第15章

一個臨時性遊戲

好對手已經死了，還能找誰去玩？寂寞的朱元璋環顧四周，那些縮頭縮腦，成天淨琢磨著在自己的位置上撈上一把的官員們，進入了他的視野……

王保保的死，徹底摧毀了朱元璋的人生希望。

譬如一隻孤獨的狼，奔行於荒涼空寂的沙漠之上，放眼四野，唯餘莽莽，連夥伴都找不到。此時的心境，實是寂寞到了極點。忽然之間，聽到遙遠某處傳來的嚎叫，霎時的興奮，足以讓淚水充盈眼眶。

牠於是循聲飛奔而去，翻過山頂，越過極坡，向下一望……

天哪！那讓牠牽腸掛肚的夥伴，竟爾已成了一隻死狼。

狼的哲學與羊的哲學截然不同。羊的哲學，是希望四周都是羊，而且全是君子羊，所有的羊們親親熱熱地擠成一團，一塊咩咩叫，一起吃水草。起了衝突，也不過是用細嫩的犄角相互頂著玩，沒聽說哪隻羊眞被另一隻羊用犄角抵死的。兩隻羊之間最激烈的衝突，最多就是一隻將另一隻頂翻，如此也就到頭了，畢竟作爲食草動物，不可能取對方之性命。

狼的哲學不然，野狼是嗜血的，講究殺戮的，兩狼相鬥，你死我活，不存絲毫僥倖。處於饑餓狀態下的狼，甚至會將同伴撕碎，連皮帶骨地呑進肚子裡。

血淋淋的殘殺就是狼的社會遊戲，也只在玩著這樣殘酷的遊戲時，最爲強烈的生命本能才得以激發。

羊的哲學是苟活，吃草比天大。狼的哲學是鬥爭與殘殺，見血才痛快，至於誰死誰活，這倒無關緊要。

身爲一隻狼，聞知王保保的厲害，朱元璋感受到的是興奮。他以爲自己終於找到了新的對手，又可以酣暢淋漓地玩上一番了。不想那缺德的傢伙，竟然出其不意地把兩腿一蹬，死掉了，這不是戲弄他老人家嗎？

好對手死了，還能找誰去玩？

寂寞的朱元璋環顧四周，那些縮頭縮腦，成天淨琢磨著在自己的位置上撈上一把的官員們，進入了他的視野。

也別挑揀，就他們了。

空印案適時爆發。

空印案，又稱統計造假大案。

事實上也不能說是統計造計，應該說是統計不造假……也不對，應該說是統計被迫不造假……還不對，應該說是統計就是要造假……更不對，應該……

唉！總而言之，案情經過是這個樣子的：當時，各地必須向國都報送稅收的統計報表。可由於交通不方便，運送到南京的糧銀會在途中造出很大的損耗，設若地方官事先就將報表按實際運出數目塡好，到了目的地，實際數目肯定會與表上的數目不符。

數字對不上，那就是統計造假了，後果很嚴重的。官員們爲了避免統計數字失眞，通常的做法是帶著糧銀與一張蓋了印章的空白報表上路，待抵達南京，確實計量過之後，再把正確的數字塡上。

說朱元璋不知道這種情況，那是不可能的。他可是從社會最底層辛辛苦苦走上來的，從事過這世界上幾乎所有的工作，見過的世面可多了。糧銀在途中會有損耗，導致的結果是數字不準確，哪裡會不明白？哪裡還用得著多解釋？

儘管心知肚明，他仍然以此爲理由，大開殺戒。統計表明，一三七六年，高達數百名官員因此被處死。

究竟爲什麼要這樣做？繼續看下去，答案馬上就會揭曉。

第16章

劉伯溫的黃昏奇戀

劉伯溫辦理了離休手續，向家鄉奔逃而去。好不容易踏入家門，正要喝口水，就聽門外聲起：「聖旨到！茲宣誠意伯劉伯溫入京抄寫《三字經》！」

細究起來，朱元璋之所以突然對群臣露出猙獰嘴臉，大開殺戒，跟兩百年前的一樁戰役，有著某種神秘的聯繫。

從明初往前追溯兩百年，是北宋的靖康年間。那一年，金兵的鐵騎攻破古城開封，將宋徽宗、宋欽宗並宮女工匠等十數萬人盡數俘虜，押送去了西伯利亞勞改營。與之同時，節度使劉延慶與金兵玩命，打不過，掉頭亂跑，被人嗖的一箭，自背部入，打前胸出，悲慘壯烈地殉國去了。

劉延慶身死，但血脈尚存。兒子生孫子，孫子繼續往下生，就這樣一邊生產，一邊搬家，到了自他而後的第七代人，已搬到浙東青田縣。

而這家的第七代傳人生下來，不得了！居然是個落地就會看書、張嘴就會吟詩的神童，劉家人著實大吃一驚。

竟然生下了一個有天賦的孩子，怎麼辦呢？

要不，先起個名，送他參加朝廷的高考得了。

孩子得名劉基，字伯溫。

小劉伯溫很快長大了，小腦瓜主要專注於風角之占、陰陽八卦之類的封建迷信，但凡附近鄉里有誰家裡跑丟了一隻雞、跑失了一隻豬娃，都要找他來測算一下。當此時，小劉伯溫總要瞇起眼睛，掐著指頭，緊跟著便大叫一聲：「不好！你家跑丟的豬娃，已經成了鄰居家的烤乳豬啦！」這種卦也敢算，算不準倒也罷了，偏偏一算就準，偷了豬娃的那家人，豈能與他甘休？

總之，陰陽八卦不是個好東西，鐵定會讓他吃大虧。

可想而知，劉伯溫之名還是不脛而走，很快參加了科舉高考，並輕鬆奪得名次，被任命為大元帝國的一名縣官，躍升縣級幹部之列。

不得不說，劉伯溫的運氣不是一般的好，恰巧趕上了高考的末班車。從他這一屆往後，當時在位的元順帝發佈了最高指示：停課鬧革命，並徹底廢除科舉制度。之後的官員，就不從讀書人中選拔了，知識份子全是臭老九，靠不住。

官員不從知識份子中選拔，那該從什麼地方選拔？主要是看家庭出身，看個人的政治表現——說穿了，就是看你跟領導的關係是不是很鐵，是不是很裙帶，是不是很血緣。

官場上的選拔制度，自古以來就只有兩種，一是通過考試制度的薦賢，另一個就是裙帶私黨了。所以，劉伯溫雖然幸運趕上高考的末班車，官場裡的日子卻煞是難熬。可不嗎？別人都有關係，有門路，偏偏你沒後台，你說，這樣還混個什麼勁？

混不下去，辭工吧！

於是，劉伯溫辭去縣官職務，回鄉務農。可沒過多久，居然收到反政府武裝勢力朱元璋的呼籲信，信上說：起來！饑寒交迫的讀書人。起來！全中國沒有當官的人們。把元帝國打個落花流水，朱元璋要做天下的主人……

收到頭幾封信，劉伯溫沒有理會，畢竟當時朱元璋還沒混出名堂，最多不過是一支反政府游擊隊。可是一連收到好幾封信後，他動心了。

自己好歹學了一手占卜算卦的好本事，不拿到戰場上去用，單只是在鄉間替人家卜算走失的雞仔和豬娃，豈不是屈了大才？

要不然，咱們先過去看看？

心思一動，劉伯溫沒多久便跳上朱元璋的賊船。

說老實話，朱元璋身邊，根本不缺劉伯溫這頭蒜，他已經有了一個李善長。李善長，淮西人氏，和朱元璋乃道道地地的老鄉。爲求此人下山相助，朱元璋曾幾次三番地登門求教。

朱元璋說：「李先生啊，我想多招幾個砍人的兄弟，有什麼好辦法沒有？」

李善長笑曰：「重賞之下，必有屠夫。你花錢啊！給的銀子足夠多，有的是缺心眼的人來幫忙砍人。」

「可是，李先生，我沒錢啊！」

「沒錢？沒錢你還琢磨砍人？」

「李先生，正是因爲沒錢，所以才琢磨著招兄弟砍人弄錢的嘛！」

「既然如此有誠意，那我就替你想個法子。這麼著，你先把手下的人組織起來，去收保護費……不對！不能說收保護費，要說收取神聖的國家稅款。這稅款怎麼個收法呢？老百姓得吃鹽吧？那就收鹽稅。要喝茶吧？那就收茶稅。還要吃飯……不，飯稅就不要收了，萬不可竭澤而漁啊！先把老百姓養得肥起來，慢慢收，從一隻豬身上收到兩隻豬、十隻豬的肉，那才叫高手。收了足夠的銀子，不就可以多招幾個砍人的兄弟了？」

朱元璋誠懇地點頭道：「先生果然是神機妙算，一隻豬身上竟然能收到十隻豬的肉，這豬也太慘了吧？那就請先生出來幫我個小忙，替我收保護費……不是，替我收稅。」

於是，李善長率領著一批淮西知識份子，意氣風發地來到游擊隊中，爲他的地盤上的老百姓們制定鹽法和茶法。從此朱元璋財源滾滾，果然順利招聘更多的砍人兄弟，很快就富甲一方，稱雄天下。

明擺著，有李善長及他手下淮西稅務局的兄弟們在，朱元璋壓根不稀罕劉伯溫這類能掐會算的術士。有花不完的錢，還有數不盡的兄弟，還算什麼算？再算，先砍了你！

事實上，打開《明史》中劉伯溫傳的部分，瞪大兩隻眼睛仔細瞧，無論你如何一個瞧法，都瞧不出個名堂來。

為什麼瞧不出來個名堂？

那是因為劉伯溫端的不好寫。

為什麼劉伯溫傳不好寫？

正如剛才說過的，朱元璋的陣營中，文有李善長，武有徐達、常遇春，真的不多劉伯溫這一號。

既然不多他這一號，朱元璋為啥非要高薪聘他加盟？

沒辦法，這邊不缺劉伯溫，可若讓他跑到對手的陣營去，那就很糟糕了。

平心而論，劉伯溫的才幹只在李善長之上，對於這種學富五車、經天緯地的才學之士而言，替老大收個保護費，不過小菜一碟。

可新的問題來了：砍人的兄弟是越多越好，負責制定收保護費辦法的行政管理人員卻不然，多了，意味著機構膨脹。唉！膨脹也只能認了，如劉伯溫這等大才，不快點將他膨脹過來，難道要眼睜睜地看著他被獵頭挖走？

總之，由於朱元璋這邊的行政編制已滿，劉伯溫的實際行政級別差不多只是副部級調研員。儘管老大征戰時要跟著東奔西跑，參加各種類型的軍事會議，負責制定各種類型的政策，可因著欠缺李善長那般獨當一面的機會，他的個人簡歷，自然比較難寫。

但終於，劉伯溫還是獲得了這麼一個機會……

洪武元年，劉伯溫出任御史中丞，一個相當於司法部長的職位。恰好李善長手下的一個兄弟李彬，也不知犯了什麼事，栽在了劉伯溫手下，按律，當斬。於是，李善長說情來了，「小劉，吃了沒？有點小事跟你說一下，就是李彬那點事兒……啥玩意兒？你不給兄弟面子是不是？」

「李老大，不是兄弟我不給你面子，實話講，李彬這事我也做不了主，你得去找皇上。」

李善長果眞找朱元璋去了，「皇上，吃了沒？有點小事跟你說一下。」就見朱元璋笑眯眯地招手，「老李，你來得正好，朕正要找你。跟你說，有些兄弟眞是太不像話了，咱們這都當上領導了，他還以爲自己是黑社會，想砍誰就砍誰呢！對！沒錯，我說的就是李彬。老李，你是老幹部了，應當能夠領會朕的講話精神，總之，這次咱們就是要狠狠抓一個典型，拿他開刀，綜合治理一下。老李，你以前的表現都不錯，始終都跟上形勢沒掉隊，現在朕正在考慮是不是再給你晉級，千萬好好表現表現。」

「是！是！陛下，你丫說得太對了……」李善長灰頭土臉地出來，知道自己沒膽子跟朱元璋較眞。

難不成就這樣眼睜睜看著自己手下兄弟被幹掉？

不行！李善長眼珠一轉，當下又回頭去找劉伯溫。

「小劉，最近你算過天氣預報嗎？我聽說有算命先生算過的，說我們將碰上五百年一遇的大旱，要是再殺傷人命，旱情會更嚴重。」

這話的意思，是在隱晦地暗示說，不如以天旱爲藉口，要求朱元璋大赦，放了手下兄弟李彬。

不想劉伯溫一聽算卦，頓時亢奮，這可是他的專業領域，最有發言權的。趕緊掐指一算，大驚曰：「我靠！李老大，還真有這麼回事！卦象上說，這次旱情豈止是五百年不遇？簡直是五千年不遇！」

「真的嗎？那你快點打報告，讓皇上大赦天下。」

「不用打報告，卦象上說了，只要殺了李彬，老天爺就會下雨。」

「什麼？」李善長當場一口氣沒上來，差一點岔了氣。你說這算是什麼怪卦？殺了李彬就會下雨，真的假的？

無奈劉伯溫的卦已經算出來了，而且他乃一代卦神，占無不驗，算無不準，既然說殺了李彬就會下雨，應當是沒問題的。

李善長無可奈何，只好忍著恚怒和痛苦，看著他興高采烈地在李彬的死刑判決書上簽字，小馬仔李彬就這樣祭祀老天了。

然而，詭異的歷史，就在此時出現偏差。堂堂一代卦神，占算了一輩子，一次也未失過手，偏偏這一次出問題。明明占算的是殺李彬，天必雨，不想人頭落地之後，旱情反而變得更加嚴重。

李善長的目光，由悲哀而詫異，由詫異而憤怒，由憤怒而怒不可遏——破算卦的，竟然敢玩老子！

劉伯溫也是很詫異，不對呀，我明明算的是殺了李彬就下雨的，怎麼這次天氣預報不準了呢？仔細一檢查卦象，突然發現了一個恐怖的徵兆，不由得倒吸一口冷氣，立馬送上辭職報告：啓奏陛下，臣年邁體衰，全身上下高血壓，腳上的雞眼又犯了，請求辦理離休手續。

朱元璋見到他的辭職報告，笑道：「老劉，雖然你急著離休，可也不能忘了以老幹部的身分繼續發揮餘熱。你看，如果李善長也跟著離休，下一屆宰相，由誰來做合適？」

劉伯溫吭哧癟肚地回答：「臣看，李善長手下兄弟汪廣洋、胡惟庸兩人合適。」

朱元璋冷笑，「你確定？」

「臣……也不敢說死。」

「這麼大的事情，你竟然模稜兩可，不敢說死，有夠滑頭啊！算了，你先去辦離休手續。」

劉伯溫辦理了離休手續，急急如漏網之魚，向家鄉奔逃而去。好不容易踏入家門，正要喝口水，就聽門外聲起：「聖旨到！爲繁榮大明文化事業，茲宣誠意伯劉伯溫入京抄寫《三字經》，欽此，謝恩。」

抄寫《三字經》？這話是什麼意思？

劉伯溫聽不明白，懵懵懂懂地再返回南京城，剛到地方就被朱元璋關進一座四合院。院中，一名來自大內，美貌且伶俐的宮女負責照料茶飯，書案上放著筆墨紙張，還有一本攤開的《三字經》。

有沒有搞錯，竟然眞是讓他抄寫《三字經》。

朱元璋這麼個搞法，到底是什麼意思？

饒是劉伯溫精於風角，占斷如神，可他還眞沒能算出來，有朝一日，自己會蹲在一幢四合院內抄寫《三字經》。

能怎麼辦呢？乖乖抄唄！人之初，性本善，苟不教，性乃遷……

如此連續抄寫了幾天，精神終於崩潰，他把筆用力往地下一扔，「娘稀皮，愛誰誰！朱元璋你有本事就把老子宰了，老子不抄了！」

不是不知道朱元璋派來的美貌宮女會向上頭打報告，但他已經豁出去了，大不了是個殺頭，誰怕誰？撲通一聲上了炕，扯過被子蓋住腦袋，呼呼地大睡起來。待到一覺醒轉，美貌宮女把飯做好端上來，他冷笑著拿起筷子開吃，吃完再睡，就等著朱元璋派人過來殺自己。

等，再等，不知不覺，兩年過去了。

兩年後的某一天，聖旨忽然降臨，命誠意伯劉伯溫將這段期間抄寫的《三字經》全數拿來，皇上要先睹爲快。

先睹爲快……快你個頭！劉伯溫傻眼了。兩年來，自己除了吃就是睡，壓根沒抄那缺心眼的《三字經》，如今朱元璋竟然要檢查他的家庭作業，這豈不是欺君了？

正在目瞪口呆之際，就見那照料他起居的美貌宮女站起身，扛來高高一摞抄寫好的《三字經》，放下，「劉先生抄寫的《三字經》，都在這裡了。」

霎時間，劉伯溫再次目瞪口呆。萬萬沒想到，這個年輕貌美、聰明伶俐的小宮女，不知道哪根筋轉錯，竟然愛上一個命懸一線的糟老頭，看他不愛寫家庭作業，偷偷地全替他完成了。

愛情啊！你來的未免太他媽的突然啦！

就在劉伯溫的感動中，一大摞《三字經》被抬到朱元璋面前，他翻開一看，咯咯地樂了，「你們瞧瞧！都過來瞧瞧！瞧這三字經抄寫的，筆力溫柔，筆劃娟秀，分明是我派過去的女特工的筆跡嘛！她怎麼會放棄職守，反而扛起抄寫的工作？是不是這小丫頭春心萌動，給劉伯溫策反了？」

查一查！

一查可不了得，小宮女犯了欺君之罪，直接拖出去砍了。劉伯溫痛絞於心，哭天搶地要阻攔，終究無法攔得住。

太狠毒了，這一手眞是太狠毒了！沒過多久他便病倒在床，任什麼樣的男人，都承受不住如此強烈的打擊。

而後，新任宰相胡惟庸登門看望，歷史從此進入永恆的空白——昔日李善長手下的馬仔前來給予親切的問候，旋即離開，劉伯溫則悄然身死。

關於他的死，多半史家相信是中毒而亡，可到底是誰下的手，實在說不準。有人認爲是朱元璋幹的，有人認爲是胡惟庸瞞著朱元璋幹的，可惜無論如何都找不出一個明確的卦象，以供後人參詳。

但是，劉伯溫的血不會白流。此次事件，再次埋下動亂的種子，帝國大屠殺的新篇章，即將開展……

第17章

殺！

自打王保保死後，朱元璋成天面對的，只有一群咩咩叫的老綿羊。綿羊倒也罷了，偏生這些傢伙的心裡，都潛藏湧動著無盡的貪婪與陰險……

一三八〇年初春，一個平凡普通馬車夫的死亡，導致了大明帝國一場規模性的大屠殺。

當時，這名馬車夫正趕著一輛滿載著貨物的馬車，在南京的街道上奔馳，不提防前面突然竄出來一匹受驚的馬，馬上坐著一名富家子弟。無巧不巧，驚馬經過馬車的同時，富家子弟從上頭摔下來，腦袋恰好跌在馬車前，讓煞不住的輪子這麼重重的一輾，一聲脆響，腦殼當場碎爛。

出人命了！

可這最多只是個意外，馬車夫想，我與這孩子無冤無仇，要不是他自個把腦殼塞到輪子下面，就算是想壓也壓不到他啊！然而他錯了，萬萬沒有想到，自己壓死的孩子，乃大明帝國宰相胡惟庸之子。

一人之下，萬人之上，說的就是宰相的權勢了。

得知自己的寶貝兒子居然被馬車壓死，胡惟庸心痛如絞，立即下令對馬車夫進行嚴打鎮壓，從快從嚴，以償還冤死的兒子的性命。

馬車夫就這樣被殺掉，殺他的人是宰相。按理來說，他的死眞是冤枉，無奈普天之下，有誰惹得起宰相？

其實啊，天底下敢惹宰相的人，總還是有的。比如說皇帝朱元璋，他不就是最合適的人選？

胡惟庸殺馬車夫洩憤的案子，很快讓人報到了朱元璋的案頭，他老人家很不高興，就把胡惟庸叫到朝堂之上，嚴厲地批評了他的錯誤，要求他有錯必糾，洗清馬車夫的冤屈。

胡惟庸不敢違抗，誠懇地檢討了自己的工作失誤，對馬車夫的冤案進行了平反，並拿出大量的黃金綢緞，用以補償。

朱元璋卻搖頭，「不，這些還不夠，遠遠不夠。」

不夠？不夠是什麼意思？

胡惟庸再往下一想，立馬被自己的想法嚇壞，我靠！不會吧……

接下來，歷史變得撲朔迷離。

有資料說，胡惟庸的親信忽一日衝入皇宮，揭發檢舉說，胡惟庸已經在宰相府中設下伏兵，準備請朱元璋過去喝茶，等人一進門，就要亂刀齊下，嘁哩喀嚓，直接剁碎了餵狗。

還有一份資料說得更邪乎，說是胡惟庸的暗殺計劃，被一個名叫雲奇的宦官發現了，於是狂奔回宮，正見朱元璋搖搖擺擺，準備去挨刀。他趕緊攔在前邊，可因爲急惶，面對詢問，只能用手指著宰相家的方向，愣是說不出話來。

朱元璋火了，喝令暴打，宮中太監一擁而上，亂棍齊下，硬生生把那隻手臂給打斷，可他仍然堅持用斷臂指著胡惟庸的家。

這時候，朱元璋終於醒過神來，登高一望，好傢伙！那兒原來全都是埋伏起來的軍隊……

這段記載，說得雲山霧罩，明擺著是朱元璋的瞎掰。

爲什麼要瞎掰？

原因很簡單，他要殺胡惟庸。

不僅如此，還要殺盡此人的追隨者。

朱元璋自己承認，他在這起事件中殺了一萬五千人，可實際上，牽連送命的，絕對在官方數字的兩倍以上。

殺人，總得有個理由。僞造的荒謬故事，就是殺盡胡黨的理由。

更進一步想，朱元璋爲什麼要瞎掰一個肯定連自己都覺得可笑的理由，殺死胡惟庸？

對於這一點，史家提出過許多解釋，甚至還有故事說，見父皇殺性過重，太子朱標曾婉言相勸，朱元璋聞言，拿起一根帶刺的荊棘丟在地上，對他道：「你能拿起這根荊棘來嗎？拿不起來的，因爲上面有太多刺。當爹的是在替你把刺拔掉，傻孩子，明白了沒有？」

通常，人們會這樣解釋朱元璋的大開殺戒，但這個理由，純屬對權力法則一無所知的文人們的臆想。

我們很快就會知道，大明王朝，曾有過三十二年拒不上朝的皇帝，也有過全然拿自己的帝位不當回事的皇帝。我們更需要知道，皇帝之所以成爲皇帝，不是看在他的能力強、本事高，是下層官員及底層民衆的相互博弈，構成了平衡的態勢。正如業已江湖除名的小明王，壓根屁本事也沒有，不也曾經號令天下？從朱元璋到張士誠，哪個不是奉了他的旗號行事？

朱元璋能夠取代小明王，僅僅是因爲當下的那個時局。正如亂世是群體意志的選擇，太平盛世也同樣。亂世的時候想求得太平，就會有人來找你的麻煩；太平時節如果想造反，同樣也少不了找麻煩的人。

自古皆是時勢造英雄，從無英雄造時勢。朱元璋之所以能夠登基爲帝，是因他恰好處於一個皇帝短缺的偉大時代。而在漫長的戰爭狀態結束後，大量的勞動人口死於戰亂，和平已是群體共同的願望，縱使胡惟庸想發起戰爭，以他的本事而言，差得遠嘍！

清理掉有能力及影響力的老臣子，爲下一屆新皇帝掃清道路——這樣的推測，不攻而破。

可若不爲這理由，朱元璋何以要殺胡惟庸呢？

事實上，殺機，早在他血戰陳友諒，遭到昔日夥伴邵雲背叛之時，就已經深深地鑄下了。

朱元璋是一隻兇猛的狼，渴望的是狼與狼之間的激烈戰鬥，無奈自打王保保死後，成天面對的，只有一群咩咩叫的老綿羊。綿羊倒也罷了，偏生這些傢伙的心裡，都潛藏湧動著無盡的貪婪與陰險。單以胡惟庸來說，他在許多政務上有意隱瞞，目的就在爲自己多撈一點油水。

不過是隻屁本事也沒有的老綿羊，卻比餓了八百年的野狼更要貪婪，胡惟庸，你自己說，至於嗎？

這就是朱元璋憤怒的緣由，也是胡惟庸一黨的取死之道。

踏過晦澀陰暗的人性之河，抵達人生成就的最高點，朱元璋最為憎恨的，正乃人心最深處的卑污與骯髒。

要曉得，他其實未曾「擊敗」過任何一個人，所有的對手，都是自己倒下的，倒在己方同伴無休無止的私心與欲念之下。看著那些人一個接一個地仆倒，他的內心，肯定無時無刻都充滿絕望與悲涼。

面對揮之不去的人性暗惡，是像陳友諒、張士誠他們一樣拱手臣服，甘願認輸，還是拿起武器，以野狼掠過荒郊般的兇狠與暴戾，將其徹底消滅？

他的選擇從未改變，一個字：殺！

第18章

磨刀霍霍向家人

某個寒冷的冬夜，五名地位最為重要的皇子悄無聲息地來到京城。然後，朱元璋發佈《永鑑錄》，記載了歷史上所有因反對君主而遭滅國殺身之禍的皇子。

朱元璋，孤獨的背影永遠刻印在歷史的深處。在他走過的路上，留下無計其數的伏屍與淌流成河的鮮血。

名臣宿將，盡其翦除。軍中元勳，剿殺一空。

當他將目光轉向軍方，人們不得不懷疑，孤獨的帝王心中，是否有著和王保保一較高低的想法？他是不是想和這隻先走一步的孤狼同類比一比，看誰宰殺的明軍將士較多？

王保保曾經一戰屠殺四十萬明軍，現在輪到朱元璋了。要想突破紀錄，他得花多少時間？需要多少個理由？

為了漂亮地解決上述兩個問題，他建立一個全新的機構：錦衣衛。成員們供奉崇拜的是南宋名將岳飛，這表明了，這極端組織只效忠於皇帝本人。

談起錦衣衛，令人聞風喪膽的，是他們那超乎想像的殘酷。更可怕的是，這種殘酷是獲得皇帝本人嘉許的。

不止一次，朱元璋曾興致勃勃地向旁人講述以下案件：

一個販賣毒藥的商人被錦衣衛偵破，他們將人帶進宮中，送到皇帝面前。朱元璋命令商人將自己販售的毒藥全部吞下肚去，他只能從命，待到毒性發作，當然痛苦得滿地打滾，呻吟慘嚎不休。

朱元璋在一邊細心地觀察、記錄，詢問這種毒藥的配製方法，以及解藥的配方，跟著便又命人將解藥配好，在他死亡之前，將解藥灌下。商人被救活，叩謝皇恩後，送往刑場砍頭，血淋淋的腦袋懸掛於旗竿頂上示衆。

可以說，藉這起案例，朱元璋已經把他要說的話，清楚地告訴了大家。選擇販賣毒藥的商人當警誡，老朱眞正想說的是：我最爲痛恨，最不能容忍的，就是毒化人心的邪惡之擴散。

人心是迷茫的，善良是脆弱的，而邪惡，如同黑色的毒火，具備極強的擴散及輻射效果。將一匙美酒倒入一桶髒水，你得到的是一桶髒水。將一匙髒水倒入一桶美酒，你得到的還是一桶髒水。骯髒的邪惡就是如此可怕，只需要一點點，便足以污染整個環境。

這，就是朱元璋要用最酷毒的手法處置販賣毒藥商人的眞正緣故。賣出一包毒藥，毒死的不是一個人，而是一個原本可以美好的時代。此時的朱元璋，已經無法容忍邪惡的擴張，試圖以最殘酷的手段，將這種污染降到最低。

殺戮持續進行，下一個目標是他的外甥，李文忠。

李文忠，曾經為大明王朝出生入死，立下過汗馬功勞的人。可是，功勞或能力的高低大小，從來就與品德無關。甚至可以說，越是能力強的人，一旦心靈被污染，導致的結果越為可怕。

李文忠在一三八四年失寵，下台，被殺。他的死亡因由，只有一份措辭含混的官方書面說明，上面說，此人反對建立錦衣衛制度，儘管反對的態度非常委婉溫和，仍足以構成他和朱元璋之間的心理衝突。

再下來，目標轉移到駙馬郭桓身上。

這傢伙在一三八五年五月被殺，罪名是貪污七百萬石穀子。後來，朱元璋在發佈《大誥》時承認，對郭桓的指責其實不符合實際情況，他貪污的不是七百萬石穀子，是二千四百萬石！當初之所以將數字壓縮近四倍，主要是顧慮到老百姓們的觀感，畢竟被殺的並非普通人，是老朱家的一份子。

一三九〇年四月，朱元璋與家人的衝突，達到高峰。

他的第八個兒子朱梓，為了抗議父親的血腥殺戮，同時也為了逃避更為恐怖的結局，與其妻一同服毒自盡。沒有人清楚朱元璋與朱梓之間的衝突詳情，人們勉強能夠找到的理由，只是朱梓的妻子于妃之父和宰相胡惟庸案有涉。這唯一的線索，成爲歷史上最合乎情理的解釋。

又過不久，太子朱標神秘死去。

朱標，這孩子出生的時候，父親正在外邊行軍打仗，他就降生在一個叫陳迪的人家中，並寄養在陳家。朱元璋深知知識與思想這玩意很重要，就爲兒子請了一大票的儒學老師——明擺著，老朱和小朱之間，不可能有絲毫的認同感。父子二人的距離，恐怕比朱元璋和豬八戒的距離還要遠。

此前，太子朱標奉旨出京，前往陝西，身懷一項重要使命：考察當地的地理與人文。朱元璋始終認爲那兒才是最安全的地帶，作爲首都，遠比南京要合適。

朱標這一走便耗去大約半年時間，回來後呈上陝西地圖及調查報告，然後就莫名其妙地死去。朱元璋旋即發佈消息：太子因病而去世，爲了表示內心的哀痛，朕將輟朝十二天。

這一年，他已經六十五歲了。

太子朱標神秘死後，某個寒冷的冬夜，五名地位最爲重要的皇子悄無聲息地來到京城，計有秦王、晉王、燕王、周王、齊王。另外還有五名皇子跟在後頭，分別是代王、肅王、遼王、慶王、寧王，總計十人，入宮上朝。然後，朱元璋發佈了一部《永鑑錄》，這本帝王的家傳秘書中，記載了歷史上所有因反對君主而遭受滅國殺身之禍的皇子。

事情發展到這裡，眞相已經很明顯了，皇太子朱標肯定失去了朱元璋的信任，因而不明不白地死去。

第19章

暮鼓中的帝國暗影

朱元璋刻意要消除整個時代的烙印，為此甚至不惜翦除子孫血脈。他偏偏忽略了，就在身後不遠處，另一抹野狼身影，已經悄悄地籠罩住整個帝國。

相較於眾皇子們的緊張，大臣們對於朱元璋沉醉於與自家人的廝殺，沒有多大的興趣，他們擔憂恐懼的，是秦王可能跳脫法統的限制，登上太子之位。不得不說，推出秦王，完全乃情理之中的事——還記得這廝娶的是誰家女兒嗎？早在朱元璋將野狼王保保的妹妹交由他幸御時，便已存了延續狼族血脈的渴望。

群臣們吵吵鬧鬧，要求延續法統，讓朱標的兒子朱允炆出任第二屆帝國皇帝。朱元璋居然沒有大發雷霆，而是誠懇地接受了多數人的建議，讓這一假象成功消除眾人對於前任皇太子不明不白死亡的最後一點疑心。待到任命新任太子輔佐人選時，大家才赫然驚覺，事態並不如自己所想。

一三九三年一月初，朱元璋任命藍玉、馮勝與傅友德等重要人物，輔弼新太子朱允炆。無一例外，這幾人全爲久經沙場的軍事將領。更新一輪的殺戮正在醞釀之中，自荒野飄搖而來的濃烈殺機，瀰漫於朝堂與宮闈內……

照例，藍玉案的爆發，又被史家解釋成替子孫後人剷除障礙的自保行爲。如此一來，就沒有必要再去追究血案中的每一個細節。

然而，細節非常重要。構成歷史的是細節，不是先驗的定論。

一三九二年十二月，藍玉向中央施加壓力，請求在四川邊境地區設立軍事中心，得到應允。而後，他進一步提出更大的要求，想要招募當地鄉民，擴大自己在軍隊中的影響力。

朱元璋毫不客氣地予以拒絕，並立即解除他的指揮權。

藍玉回京，大發脾氣，認爲他在東宮太子處的職位遠遠不夠高，與能力及業績根本不相符。不僅如此，甚至大剌剌地表示，自己擁有衝擊最高皇權的實力。

他不知道，隔牆有耳，口中說出的每一句話，都已讓人暗中記錄在案。不日之間，錦衣衛指揮出面揭發，於是藍玉入獄。五木之下，何求不得？當著嚴酷的刑訊，他乖乖認了刑訊者要求他供認的一切罪狀，而後以謀逆之罪處死，夷三族。

一三九三年三月二十二日，這一天，不少於兩萬人一同被屠殺。任職於東宮的名將馮勝及傅友德，奉命親臨刑場，觀看藍玉遭肢解的慘狀。事後，兩名將軍灰溜溜地離開南京，乖乖聽從諸皇子節制。

事情完了嗎？

沒有，遠遠沒有。

先是傅友德，很快又被召回，朱元璋要求他爲自己的兩個兒子的橫行不法承擔責任。他只能親手殺二子，隨後自刎。

下一個當然是馮勝。有史料說他是自殺，也有史料說他被秘密處死，儘管在方法上存在區別，結果都是毫無差異。總之，他死了，原因不詳。

到目前爲止，一切跡象都表明，朱元璋確實在爲他的後人剷除異已——但是且慢！死亡名單上很快又添了兩個人，爲這段歷史添上一層迷霧。

頭一個是秦王，活力四溢，身體強壯的年輕人，並且和王保保的妹妹相結合，在血統上保持了野狼的純淨。按理說，他沒有任何非死不可的理由，可他還是義無反顧地死了，原因不詳。

六個月後輪到晉王，同樣死得不明不白、不清不楚。

皇子們莫名其妙地一個接一個死去，而朱元璋，卻在這時候忽然宣佈，撤銷錦衣衛的行政編制，所有在編員工統統下崗，自謀職業。隨後砸碎刑具，銷毀秘密檔案，下達新諭令，要求後世人禁用黥、刺、刖、劓、閹割等肉刑，皇親唯謀逆不赦，餘罪宗親會議取上裁。法司只許舉奏，勿得擅逮，勒諸典章，永爲遵守。

做完這幾件事情之後，明太祖躺平死去，時年七十一歲。

細說朱元璋的一生，是戰鬥的一生，是輝煌的一生，也是野狼橫行大漠，仰天長嚎，唯我獨尊，邀尋對手激鬥而不可得的寂寞一生。

終此一生，他只遇到一個對手，而且未曾交手，對方就已死去。這讓他明白了一個簡單的道理：所有人都是逆來順守的老綿羊，所有人！

他之所以成爲狼，只是因爲時代呼喚狼，需要狼。倘若不是這樣的一個大時代，朱元璋會是個什麼玩意？充其量不過皇覺寺中的一個小僧人，終日坐於蒲團之上，手數念珠，看雲卷雲舒，聽花開花落。

碰不上對的時代，習於溫順的老綿羊，如何能夠進化爲饑餓的狼？

因此，在生命的最後歲月，他刻意想要消除整個時代的烙印，爲此甚至不惜翦除子孫血脈。他卻偏偏忽略了，就在身後不遠處，處於隱伏狀態之中的另一抹野狼身影，已經悄悄地籠罩住整個帝國。

帝國的第二任皇帝朱允炆，終將淪爲狼的大餐。

卷二

在惡狼與綿羊之間

綜觀朱棣的一生，半狼半羊的人格，
導致了他的行為乖張無度，
喜怒不定，時而殘酷到令人髮指的地步，
時而又軟弱得彷彿給人抽掉了骨頭。

第 1 章

帝王生物學法則

奔馳於戰場上的朱元璋，無時無刻不忘一條宗旨：想辦法抓個優秀的女人，趕緊把她的肚子搞大。倘若真能生下優秀的孩子，佔便宜的，只會是自己。

大明王朝的第二任皇帝朱允炆，他是一個什麼樣的人？

有一本史書說，他聰明、早慧、孝順且正直，書生氣十足，溫文爾雅，此外還相當的靦腆內向，比較羞澀，喜歡默默地一個人獨處。另外一本史書卻說，他行為放蕩、品行不端，為人奸惡而邪淫……

前一本史書，是儒家學者們關起門來寫的，他們從未見過朱允炆，只是憑據了自己的想像，認為這傢伙沒有道理不是這樣一個人。

至於後一本史書，是朱元璋的第四個兒子，朱允炆的四叔，燕王朱棣寫的。自家姪子到底是不是真的邪淫奸惡，這不重要，燕王真正要寫的本來也不是歷史，是一封黑函，以彰顯對朱允炆出任皇帝的極端不滿。

燕王為何要表示不滿呢？

因為，他的血液中，奔湧著絕不臣伏的狼性衝動。他，恰恰是新帝國時代的又一隻狼。

燕王朱棣曾多次向人強調，自己是大腳馬皇后親生的，有絕對的資格繼承祖業。但實際上，他出生在一三六〇年五月二日，那一天，朱元璋正在鄱陽湖上大戰陳友諒，並成功地利用退潮時機，將對手的水軍陷入死地，俘獲一百多條船。

而在此十個月前，他老兄忙於攻取鎮江。由於當時軍紀渙散，搶男的有，霸女的有，殺人的有，放火的有，很難馴服，於是他找來徐達，兩人商量了一個辦法。

次日一早，朱元璋聲稱徐達搶了男霸了女，當即命人將其捆起，準備宰掉。部屬們大驚，吵吵嚷嚷，堅決反對。

最後，朱元璋與諸將達成妥協，除非能攻下鎮江，否則不准殺人放火襲擾百姓，若有違背，徐達必死……

當此之時，大腳馬皇后不可能隨軍而來，男人出門打群架，哪有帶著老婆一塊去的？

說白了，戰爭時期的軍紀整飭多是宣傳，搶男霸女這種活，朱元璋幹得可眞不比別人少。

比如燕王朱棣的生母，有史料說她是一個美麗的蒙古姑娘，不小心被朱元璋給逮到。另有史料說，她實際上是一位能歌善舞的朝鮮姑娘……中國都亂成這樣了，妳說，一個朝鮮姑娘跑來添什麼亂？

換個角度看，敢在那當口來中國旅遊的，不管是蒙古姑娘或朝鮮姑娘，血液必然充滿冒險與野性的因子。

由此可推知，燕王朱棣的血統，比他自己宣稱的更要高貴。現代生物學已經告訴了我們，雜種其實比純種更優秀。放在人類身上，混血兒往往更漂亮、聰明且更強壯。王保保就是一個好例子，作爲蒙古武士與漢人姑娘合作的生物學結晶，他是朱元璋此生唯一看得上眼的對手，只一戰就砍掉大明王朝的半數人馬。

可以肯定，聰明如朱元璋，不可能不對遺傳生物學產生興趣。他比任何人更清楚兵凶戰危，知道處於戰爭狀態下的人們的命運，純粹由機運與偶然主導。可以確信，自投軍初始，他琢磨的便不是將來當皇帝，而是盡可能地多活幾天，順便搶幾個漂亮女人，趕緊把自身的基因傳承下去。

兩百七十年後，大明王朝覆滅。時有智者顧炎武，從此改名換姓，遊走天下，每到一個地方，都要娶一個女人，等人家有了身孕，他老兄爬起來就走，丟下老婆和孩子不管，繼續去從事他的復國大業。

這麼一個搞法，是因爲他在從事一樁危險的勾當，隨時隨地都可能被人割去腦殼。於是，本著生物的繁衍本能，想出完全不負責任的做法來。目的很簡單，就只是儘量廣泛地延續自己的血脈。

朱元璋，無疑比顧炎武更有智慧，不可能想不到同樣的事情。所以，奔馳於戰場上的他，無時無刻都不忘底下這一條宗旨：想辦法抓個優秀的女人，趕緊把她的肚子搞大。倘若真能生下優秀的孩子，佔便宜的，只會是自己。

燕王朱棣，正是朱元璋在戰爭時期占到的便宜，屬於摟草打兔子，捎帶腳的戰利品。也恰恰在這個戰利品的身上，展現出凝結了孤獨、悽惶、絕望與蒼涼的野狼智慧。

第 2 章

叛逆者的足跡

朱棣辛苦地活了一輩子，唯一的心願就是找個對手，爽快地打上一架。不想一而再、再而三地尋找，最終活活地累死在尋找的路上，終究未能如願。

俗話說得好，狗行千里吃屎，狼行千里吃肉。燕王朱棣既然生而是狼，其一生所經，體現的必然是野狼的智慧。一隻狼突然出現在帝國的屋簷下，即將引爆的恐慌，自也不難想見。

讓我們來看一看狼崽子不凡的生命歷程：

- 姓名：朱棣
- 出生：一三六〇年五月二日
- 出生地：應天與鎮江之間的流動軍營
- 生肖：老鼠
- 血型：AB型
- 身高：一百七十一公分
- 體重：六十六公斤
- 相貌特徵：鬍鬚特長
- 特長：打群架
- 社會關係：

父親：朱元璋
母親：不詳
妻子：徐氏
兒子四人，女兒五人

十一歲：封為燕王，坐鎮北方邊境，以保證國家的安全和抵禦蒙古人的入侵。

十七歲：成婚。時朱元璋聞中山王徐達長女之賢名，就說：「朕與卿，布衣交也，卿有令女，其以朕子棣配焉。」於是十五歲的徐氏成為朱棣之妻。

二十歲：學有成，能曉儒釋道各家經典，只是不愛讀書。

三十一歲：率師突入蒙古，搜尋元將乃爾不花，驅師大戰迤都山，乃爾不花降。此次戰役獲得皇帝本人的至高評價，並把確保戈壁沙漠的安全歸功於他。

三十九歲：朱元璋死，帝國第二屆皇帝朱允炆登基。同年，周王、代王、湘王、齊王及岷王等五王廢藩。燕王朱棣有三個兒子尚在南京，索性對外宣佈自己瘋了。

四十歲：朱允炆命燕王三子返回藩國，並擒捉藩國兩名軍官，押回京師殺頭。朱棣正式宣佈靖難戰役開始，集結兵力向鄰縣進攻，並離開封地徵兵。朱允炆派遣李文忠之子李景隆兵圍北京，三月而後，士卒凍死半數，不得不退走。

四十一歲：西北戰役爆發，朱棣在一系列潰敗之後，奪回了戰場上的主動權。

四十二歲：西昌戰役爆發，燕國數萬名士兵死於火器之下，朱棣僅以身免。

四十三歲：南京戰役爆發，金川門守將暗開城門，燕王軍隊入城，宣佈解放南京，僞帝朱允炆神秘失蹤。而後正式宣佈廢除朱允炆的年號，在人民群衆的擁戴之下，繼朱元璋之後，成爲帝國的新任皇帝。也在同一年，打掉方孝孺、齊泰、黃子澄等五十餘個反皇帝集團，標名奸黨，播布天下。

四十四歲：改北平爲北京。而在南方，安南國相黎季犛發動軍事政變，殺盡國王陳日昆全族，改名胡一元，上書中國，言稱陳氏已絕，請求讓胡氏繼位，遭到識破。

四十五歲：打掉以曹國公李景隆爲首的反皇帝集團，糾正了帝國的航線。

四十六歲：宦官鄭和率軍二萬七千八百人，舟船六十二艘，揚帆出海，是爲一下南洋。

四十八歲：安南上交版圖，重申對帝國的忠誠。

四十九歲：三寶太監二下南洋，行至斯里蘭卡，生擒國王亞烈苦奈兒。

五十一歲：御駕親征，遠攻韃靼，斡難河戰役爆發。韃靼本雅失里汗大敗遁去，逃奔瓦剌部落，後爲其所殺。又不多久，飛雲壑戰役爆發。是役也，成祖朱棣回師飛雲壑，遭韃靼太師阿魯台邀擊，雙方大戰，阿魯台遠遁。

五十二歲：打掉了以大學士解縉爲首的反皇帝集團，大快了人心，大長了人民志氣。

五十三歲：三寶太監三下南洋，行至蘇門答臘，生擒王子蘇干拉。

五十七歲：太平洋十九國朝貢，三寶太監四下南洋。

六十一歲：恢復錦衣衛建制，復設東廠。白蓮教死灰復燃，山東蒲台村民聚眾糾凶，大搞群體事件。都指揮使衛青擊之，亂黨首領逸去，不知所蹤。

六十二歲：遷都北京。三寶太監五下南洋，抵達印度。後欲親征塞外，戶部、刑部及兵部三大尚書諫之，大怒，盡殺之。

六十三歲：御駕親征，大軍出獨石口，經闊欒海，到殺胡原，極目所見，唯餘莽莽，不見一個活人，大軍悻悻而還。

六十四歲：御駕親征，遠征韃靼阿魯台，尋之，不見蹤影，甚鬱悶。三寶太監六下南洋。

六十五歲：御駕親征，再次遠征阿魯台，無奈對手大搞游擊戰術，敵來我走，敵去我追，敵駐我擾。成祖怒，遣師盡搜室韋山谷，周圍三百餘里，不見半條人影。鬱悶攻心之下，卒於軍中。子朱高熾繼位，號仁宗。

看完這份個人簡歷，我們不能不感慨：朱棣，你的名字叫寂寞。

可不是嗎？瞧瞧倒楣的朱棣，他辛苦地活了一輩子，唯一的心願就是找個對手，爽快地打上一架。不想一而再、再而三地尋找，最終活活地累死在尋找的路上，終究未能如願。

爲什麼會這樣？

僅僅是因爲，他是一隻兇悍的野狼。

放眼人世，再沒有什麼比野狼更稀缺了。

百分之九十九點九九的中國人，生下來就是食草動物，再加上儒家文化的薰陶，不用多久便將心中些許的戾氣消弭殆盡。作爲將戰爭視爲自身使命的狼性人，朱棣在這片土地上絕無可能找到對手。

他只能、他只得、他只好跑到塞外去尋找。或許以爲，塞外風寒草冷，民風兇悍，不過是尋找一個對手而已，不難吧？

然而，殘酷的事實教育了朱棣：野狼注定了一生孤獨。當年朱元璋沒有找到對手，他也不可能找得到，活活憋悶死，乃必然的宿命。

話說回來，正如我們所知道的，朱棣這隻狼，也走過了一段艱澀的養成過程。簡單講來就一句話：他原本不是狼，不過是一隻好鬥的公羊，奈何殘酷的現實與苦難的人生，逼得他不得不進化成爲孤獨的狼。

艱難的進化歷程，是怎麼開始，又是如何完成？

第3章

不是不要，時候未到

朱棣的內心深處，燒起了挑戰禁忌的強烈慾望。這種慾望太可怕了，一旦被人察覺，後果可不是一般的不妙。別看他是朱元璋親生的，沒用！

目前所有的資料，都可以證明這樣一件事：一開始，朱棣沒有進化的想法。由於他的生母不是朱元璋的正妻，屬於摟草打兔子的偶然收穫，早在出生之前，就已排除在了帝國繼任者的候選名單之外。儘管他對此表示相當程度的鬱悶，但進化成爲一隻敢於挑戰威權的野狼，這種事，他還眞是從未想過。

那麼，是從什麼時候起，事態有了變化？

一切跡象皆清楚表明，關鍵的轉捩點，始於他的父親朱元璋，將一個法號道衍的僧人派往燕王府任職……

我們知道，朱元璋早年也是個和尙，這就意味著，僧人道衍在他面前，肯定有一種按捺不住，想要張口喊一聲師兄的衝動。但這個動不能亂衝，人家已經高踞九五之尊，再喊大師兄，他是不會跟你客氣的。

大多數人的心理，天生有著一種挑釁的慾望，越是被禁止的事情，越是忍不住要嘗試一下。不能確定道衍和尙是不是也有同樣的心態，但他接下來所做的事情，完全可以用這個理論來解釋。

既然不能再在朱元璋面前稱師兄論師弟，只能另外琢磨法門。

琢磨了好一陣子之後，他選擇笑瞇瞇地對首次見面的燕王朱棣道：「貧僧有大禮，要送王爺一頂白帽子。」

王字上面加個白字，正是皇帝的皇。朱棣一聽，大驚而走，但一會兒又繞回來。說來，他就和道衍一樣，都是受到禁制之人，被禁止對皇位有絲毫的覬覦——可是，憑什麼？就因爲投胎時的選擇不是那麼精確，便要徹底剝奪未來的發展可能，太殘酷了吧？

朱棣的內心深處，燒起了挑戰禁忌的強烈慾望。

這種慾望太可怕了，一旦被人察覺，後果可不是一般的不妙。別看他是朱元璋親生的，沒用！朱家的老八朱梓，不也是老朱親生的？一旦瞧不順眼，連死都不會給你個痛快。

面對艱難的情勢，道衍和尙和朱棣，必須學習另一種高妙的交流技巧，從此說話不用嘴巴，嘴巴這東西太危險，不可亂張。改用眼神交流吧！兩個大男人你看著我，我看著你，默默無言，心有靈犀，開始向著一個共同的方向，堅韌不拔地行進起來。

可是，馬上就有一個大問題需要克服：戰爭是群體的意志，和平亦同。而早年朱元璋的起家，是在人口基數暴增的時代。

中國人在歷史上的表現很古怪，倘若一畝地能夠養十個人，就一定要給你湊足二十個人，一個人的飯，兩個人吃，一個人的活，兩個人幹……總而言之，要把資源用到極限。

但凡遭遇到一點風吹雨打，糧產稍有歉收，便會有大批的多餘勞動力淪爲流民乞兒。這些人上無片瓦遮身，身無寸縷遮體，內心唯一的願望就是天下大亂。唯其亂，才能撈到趕緊吃上兩口的機會。

中國每一個朝代開始，都有一段「大治」。實際上，大治根本就不存在，皇權之下，治個頭啊治？

講白了，但凡改朝換代，全國至少已經有半數人口死於戰爭，剩下來的人，面對將是大片良田，以及粥多僧少足夠吃的經濟態勢。因此，儘管貪官污吏仍像瘋了一樣的搶，大家仍能夠吃上飽飯。所謂的「大治」，不過如此。

將歷史定律對照明初的狀況，經過紅巾軍之亂，中國的人口已經銳減——僅煞星王保保，就一次性地幹掉了四十萬人，朱元璋的歷次血腥大清洗，洗掉的人數也得以十萬爲單位計。朱棣的軍隊擴編，用了是招降蒙古士兵的辦法，更說明了中國的多餘勞動力基本上已損耗殆盡。

統計數字最能說明問題：元末時，中國總人口是八千五百萬人，而洪武二十六年的人口數，大約在六千五百萬人上下。也就是說，紅巾軍之亂，足足砍掉了二千萬人，占人口總數的四分之一。

很顯然，愛打架的閒人都砍光了。選在這種時候發動戰爭，必然要面臨士兵逃跑、部屬反對、糧草無法接濟等諸多困難。爲此，道衍和朱棣縱然千不甘萬不願，也只能蜷伏爪牙忍受。從來都是時勢造英雄，缺了時勢，再大的英雄人物，也只能認癟。

這些事兒，不唯朱棣知道，坐在龍椅上的朱允炆同樣清楚。

你要潛伏，那就讓我先動手吧！

一三九八年，建文帝朱允炆一口氣幹掉四個王子，然後奔著燕王朱棣撲將過來。

朱棣傻眼了。

時機遠未到來，殺機卻已凌侵而至，此時的他，該當如何是好？

第4章

二尺嬰兒七尺刀

建文帝朱允炆有點像是手持砍刀的孩子，心頭充滿極度的恐懼。藩王們則是一群有能力輕鬆掐死他的成年人，無奈全都被權力的繩索緊緊束縛住。

史家斷言，由於燕王朱棣的三個兒子都在京師當人質，所以當建文帝削藩時，他不敢輕動。

這就是史家犯糊塗了，古來爭奪天下者，多有父殺子、子宰爹的，哪個會把親情放在眼裡？試若朱棣當即起兵，奪得帝位，放著後宮數都數不清的美女，還會缺兒子嗎？

朱棣考慮的不是什麼狗屁兒子，那玩意兒有什麼用？他眞正顧慮的是時機，此時就算動手，也沒有把握在民衆和軍隊中獲得支持。人心已不再思亂，還是歇歇吧！

與之同時，深宮中，年輕的建文帝朱允炆，也正和他的兩個幕僚琢磨這件事。這兩人分別是齊泰和黃子澄，歷史上的名氣不大，而且美譽度一向極差——怪就怪他們沒犯什麼錯誤，對於當前國內和國際的形勢分析，太到位了。

先說說倆傢伙的來歷。

齊泰的本名不叫齊泰，叫齊德，有一回陪朱元璋去祖廟裡燒香，老朱見了他就說：「你這個名字不妥當，齊德齊德，怕是缺德吧！朕給你改一下，以後不許再叫齊德了，叫齊泰。」

改完名字後，朱元璋忽然想起邊關的事情，隨口問了幾句，齊泰在一邊有問則答，說得是清楚又明白。他聽得有點心驚，轉而問起行軍路線，不想人家對此更加熟悉，嚇得他大吼道：「你丫是怎麼曉得的？」

便見齊泰不慌也不忙，態度鄭重地回答：「好記性，不如爛筆頭。」說著，從兜裡掏出來一個小本本，所有需要關注的國家大事，原來都記載在上面。朱元璋越看越吃驚，忍不住讚了他一句，從此，齊泰之名不脛而走。

另一個黃子澄，原名也不叫黃子澄，叫黃澄，不知道怎麼搞的，叫著叫著，就子澄了。此人的才華不在齊泰之下，有一天閒來無事，溜達到東角門，看到當時還沒登基的朱允炆，正背靠門框，眼望虛空之處發呆，不由笑問：「陛下，你是在爲藩王勢大而憂心嗎？」

建文帝大吃一驚，立即像抓住一根救命稻草那樣，緊緊地揪住了他……

總之，齊、黃二人就這樣成爲年輕皇帝的倚重，並且一致認爲：戰爭打了那麼多年，中國人口已經砍得七七八八，再加上朱元璋弄出來的十年浩劫，軍隊大清洗，以及爲了排除異己而搞出來的整風運動，基本上說，軍中宿將全給清除了個乾乾淨淨。儘管朱棣在軍隊中還是有一定的影響力，可面臨著和平與發展的世界主流，能影響誰去？

更進一步看，兩個傢伙提出建議：既然不會有絲毫後患，那咱們還等什麼？削藩吧！要是現在不削，等過兩年國內人口嗖嗖暴增，年輕人面臨就業難題，戰爭又會成為一種可能，朱棣，作爲對軍人有著足夠影響的藩王，實力定然大增。等到那時候，再想削藩可來不及了。

削藩是好事，把別人的軍政職務統統解除，將權力全部集中到自己手中，多麼美妙！建文帝儘管擁有綿羊的溫和天性，但坐擁絕對權威，這事對他還是有著足夠的吸引力。

問題是，有一樁不小的麻煩擋在前面。

明太祖朱元璋死前曾頒佈詔書，對當前的制度及權力配比進行了嚴格的規定，並說：禁止任何人對他所制定出來的架構進行調整，藩王不允許，以後的皇帝也不允許。不管是誰，敢這麼個搞法，日後九泉下見面，老子肯定跟他沒完。

可以確信的是，朱元璋的作爲，展現了終極的權力智慧。他取消宰輔制，也就是廢除了宰相這個傳統職業，從此，權力失去制衡。然而，缺乏制衡的權力，不能稱之爲權力，因爲這樣的機制得不到任何回饋，不可能維持太久。爲此，只得又設計出藩王掌兵制，建構新的回饋機制。一個堪稱完善的權力構架，就此出現。

朱允炆顯然意識不到這一點，天生的老綿羊愚蠢，讓他將羊群中的幾隻公羊看作眼中釘，認爲對方頭上的犄角全是針對自己而來的惡意挑釁。他討厭這種現象，希望能夠把群落裡的公羊統統幹掉，獨獨由他一隻公羊，統領所有的母羊。一句話，他要絕對的權力，卻忘記考慮自己是不是能夠配上這種權力。

實際上，掌握著部分兵權的幾位藩王，如周王、代王，甚至包括了燕王，此時都處在極度的恐懼中。

大家心知肚明，接下來就看建文帝朱允炆有多大能耐，如若稍稍有點能耐，心裡不忌憚藩王，那麼彼此或可相安無事。怕就怕朱允炆能耐不大，膽子又不小——日後事態的發展，還眞應了這最壞的結果。

朱允炆不認爲自己有能力控制掌握兵的叔叔們，內心更是害怕。當然，這種恐懼不會也不能公然流露出來，但如此急切地動手，已然表明他的負面情緒累積達到了頂點。

打個或許不大恰當的比喻：單以智力和能力論，建文帝朱允炆有點像是手持砍刀的孩子，心頭充滿極度的恐懼。藩王們則是一群有能力輕鬆掐死他的成年人，無奈全都被權力的繩索緊緊束縛住，只能拿眼睛傻傻地望著他，期望這破孩子不要太犯傻。

不犯傻不行，朱允炆好怕啊！舉著刀，顫悠著走到一個叔叔前，噗哧一刀，砍死周王。再噗哧一刀，砍掉代王。緊接著又是噗哧噗哧噗哧三刀，砍掉了湘王、齊王和岷王。

緊接著，智力上的嬰兒朱允炆，手持血淋淋的砍刀，奔著燕王衝了過去。

救命啊——從歷史的最幽深處，我們聽到朱棣充滿絕望的呼救聲。誰能夠爲他施展法術，解開緊縛住雙手的權力之索？

第5章

老綿羊的終極進化

若燕王朱棣渴望奪得天下，首先得是不懂得愛也不會愛更沒有想過去愛的冷血動物。糟糕的是，他曉得自己內心多多少少還存有基本感情，怎麼辦？

聞知五王俱廢，道衍和尚大喜，力勸燕王朱棣別客氣了，馬上起兵造反吧！朱棣顯得憂心忡忡，「民心思定，不願意發動戰爭，怎麼辦？」

「民意這東西，頂個屁用？讓你見識一下比民意更有力量的玩意。」

就見道衍一拍手，從門外走進來兩人。

乍一看，兩個人都有點不正常，再仔細看，確實不正常。此二人者，乃當時有名的江湖術士，專靠算卦矇人吃飯。跨進來沒幾步，瞪大了眼睛，對著燕王驚呼曰：「您龍行虎步，日角插天，是太平天子的相貌啊！趕緊的，馬上起兵，肯定能位極九五之尊。」

朱棣聽得差點哭了，「道衍，你能不能別扯這沒用的？來點實際的好不？先說，以我們的軍事實力，能夠奪得天下嗎？實話告訴你，咱們的軍隊實力遠遠不夠，夠我早就自己幹了，還用得著你？」

「那咱們這麼辦：首先，開動宣傳機器，忽悠四方閑漢都來當兵，一人當兵，全家光榮。好鐵要打釘，好男要當兵，寧爲百夫長，勝當一書生。其次，派兵將四鄉五里的所有鐵匠全部逮起來，把他們關進地下室裡去，日夜不停地打造兵器。再次，馬上聯絡其他諸藩王，主要是寧王，那廝的軍隊實力不亞於咱們，如何？」

「這幾招到底管不管用？唉！還是再等等得了。」

由此看來，燕王對未來的預期充滿了絕望與悲觀，所謂的等，不過是給自己找個拖延的藉口罷了。拖延固然是個壞習慣，可面對朱允炆這等行事缺乏考量的年輕人，不拖，還能有什麼辦法？

拖吧！說不定拖著拖著，建文帝朱允炆就長大了，就成熟了，懂事了，不再跟怪叔叔們搗蛋了……

正當朱棣自欺欺人的時候，出事了。

燕王的部屬，燕山護衛百戶倪諒，顯然發現了點什麼，忽一日飛奔到朝廷，向中央舉報說：「報告，藩王手下的官校于諒、周鐸等人密謀造反，一定是奉了燕王之命。」

刑官問：「你不是燕王的手下嗎？怎麼可以告自己的主公謀反？」

他響亮地回答：「親不親，路線分。我生是大明皇帝的人，死是大明皇帝的鬼，不管什麼人，只要他敢陰謀反對皇帝，我就要堅決和他鬥到底。」

建文帝朱允炆聞此言，大喜，命人悄悄將官校于諒、周鐸逮到京師，喀嚓喀嚓剁成了碎塊，然後發下聖旨：朱棣，你怎麼搞的？你的部屬在謀反，你是真不知道，還是假不知道？無論是哪種情況，先給我把事情說清楚。

這話一說，狀況立馬有了變化。

有詔責燕王，王乃佯狂稱疾，走呼市中，奪酒食，語多妄亂，或臥土壤，彌日不甦。張昺、謝貴入問疾，王盛夏圍爐搖頭曰：寒甚。宮中亦杖而行，朝廷稍信之……

這一段記載，說的就是造反謀逆事發，燕王假裝瘋子，成功地騙過朱允炆的歷史傳說。實際上，這段歷史記載是錯誤的。

錯在什麼地方？

錯是錯在，燕王朱棣並非「佯狂」，不是裝的，真瘋了。更確切的說，面臨著恐怖的絕路，情急之下，他的心理防線終於崩潰。

這麼個具顛覆的判斷，有無依據？

有！

先來說說，什麼樣的人物，才能夠登上皇帝之位？單只從心理學的意義上來講，成爲帝王者，必須具備與普通大衆截然相反的情感機制。普通人會陷溺於夫妻之情、兒女之愛，帝王則不然，對於夫妻，從來沒有什麼感情，對於兒女，不要說感情，甚至連感覺都沒有。

沒辦法，一旦有感情，有了愛，也就有了弱點，肯定要在帝位爭奪戰中讓對手揪住了猛打，直至清理出局。

西漢開國皇帝劉邦被追兵追趕時，嫌馬車跑得慢，居然將親生的兒子、女兒都推下車去。後來項羽將他的父親縛在案板上，恐嚇說若不投降，立即剁了老頭子，可知他當下回了什麼？

他說，剁吧剁吧，剁碎了煮熟，別忘記分我一杯羹。

聽聽！這是人話嗎？

如劉邦的思維，表現出來的就是冷漠冷酷，缺乏人類最基本的情感，不懂得愛，也不會愛，更沒有想過去愛。這類人心裡只有征服，只有仇恨，只有不停的殺戮。面對善良軟弱的普通大衆，野狼的嗜血法則，自然無人可抵。

同理，若燕王朱棣渴望奪得天下，首先他得是一個不懂得愛，也不會愛，更沒有想過去愛的冷血動物。

糟糕的是，他曉得自己算不上這樣的人，內心多多少少還存有人的基本感情，正因如此，過往始終表現得縛手縛腳，不敢妄動。

然而現在，雙方已經徹底撕破了臉皮，他已經被置於最危險的位置。眼下情況十分簡單，除非作爲冷漠嗜血的狼人，否則便不會有絲毫的存活可能。好吧！到底還能夠怎麼辦？

答案很簡單：進化，讓自己迅速變爲野狼。

善良的老綿羊，如何可以迅速進化成狼？

一個人究竟是羊還是狼，並非取決於自身的願望，主要取決於內在的靈魂。有著羊的靈魂，哪怕再怎樣努力裝兇狠，也不管用。相反的，擁有狼的靈魂，甭管你披上多少層善良的羊皮，遲早要幹出驚天動地的猛事。

假使具備著老綿羊的人格，卻不得不像朱棣那樣，在短時間內迅速進化成爲野狼，過程會是如何？

簡單地說，你得當著外部及內心的雙重高壓，徹底摧毀本有的老綿羊人格。

人格是什麼？它是一個人保持思維正常的基礎構件。一旦舊有人格被摧毀，這個人免不了要喪失理智，成爲冬不知寒、夏不知暖、吃飯不知饑飽、睡覺不知顛倒的瘋子，一如朱棣。

追根究柢，我們不難發現到，世界上百分之百的精神病患者，都是因著無力抗拒外界給予的壓力，從而導致了人格的崩潰。又因絕大多數人都不具重新構建全新人格的能力，從此只能停留於瘋癲狀態，朱棣卻不然。

又有一個問題：如何確定朱棣擁有這樣可怕的能力？

證據：早在二十歲以前，他就在最博學的老師的指導下，系統地學習了儒家、佛家及道家的思想知識。所有這些思想，無一不在探究人的靈魂及心智，無一不在探討人格的組建機制。

不僅讀了，他還讀懂了。所以，當歷史的門對著一隻絕望老綿羊的鼻尖關上再開啓，門內蹲坐著的，赫赫然是一隻最兇殘的狼。

第6章

「半狼羊」的第一戰

李景隆調集精兵猛將，計五十萬人，殺氣騰騰地來攻打北平。而朱棣這邊呢，滿打滿算，加上先前收羅的降兵，也不過一萬之眾。實力對比是五十比一。

當朱棣赤裸著身子，瘋瘋癲癲地奔走於北京城的街市上，南京城的皇宮裡，突然發生一件可怕的怪事。

夜宴張燈熒煌，忽不見人。寢宮初見，見男子提一人頭，血氣模糊，直入宮內，隨索之，寂無所有。狐狸滿室，變怪萬狀，遍置鷹犬，亦不能止。

——《奉天靖難記》

恐怖的異象，讓年輕的建文帝坐臥不安。他感覺到有某件可怕的事情正在發生，可到底是什麼事？

恰好這時候，瘋子燕王朱棣的部屬，護衛百戶鄧庸到南京出差。年輕皇帝毫不客氣，立即吩咐左右拿下，取巨型刑杖，往死裡揍，打到他說實話爲止。一頓暴打，揍得鄧庸哭爹喊娘，果然一五一十地把燕王準備謀反的事情給招了。

聖旨下，著北平都指揮僉事張信，立即將燕王朱棣拿下，先打死再說。

且說張信接到密旨，先回家喝口水，然後準備幹活。恰好他媽正坐屋裡研究國際局勢，見到兒子進來，便問：「你幹嘛這麼形色匆匆？」

他興奮地答道：「娘，天大的好消息，瘋子朱棣要完蛋了！我現在就去把他逮起來。」

張母聞言大怒，「兒子，你缺心眼啊？也不曉得比較比較燕王和南京城的那個小皇帝！前者是食人不吐骨頭的餓狼，後者是溫柔善良的小綿羊，狼與羊鬥，你站在羊的一邊，這豈不是活膩歪了？趕緊的，馬上去燕王府，寫血書表決心，誓死旗幟鮮明地反對南京僞政權！你丫聽清楚了沒有？」

此人一向最聽娘親的話，答應了一聲，趕緊去燕王府表忠心。到達時，燕王正光著身子在地下打滾，看客人來到，大吼一聲：「禿驢！敢跟貧道搶師太？納命來！」不由分說，撲將過來。

他慌忙架住，急道：「王爺，你先別瘋了，聖上有旨，讓我立即逮起你來。」

燕王驚叫，向後便倒。

張信疾前一步，語速飛快，「放心，我張信不會奉南京僞政權的詔令。現在隆重地向王爺表態，一顆紅心，兩種準備，爲了王爺，爲了解決全人類！請下命令，首戰用我，用我必勝！王爺指到哪裡，我就打到哪裡，不會打錯地兒的。」

燕王朱棣仍是悲叫，「來得也太快了，我這裡……人格置換還沒有完成……」

「王爺，少扯那沒用的，打人不過先下手，殺豬不過快下刀。趕緊下命令，讓兄弟搶錢、搶地盤、搶女人，大家都等不及了。」

「要不，咱們這麼著，我在這邊繼續慢慢地完成人格置換，你讓兄弟們先動起來，如何？」

「王爺，你想怎麼著，就怎麼著吧！」

於是朱棣急召道衍和尚入內，誘殺建文帝派來監視他的地方官張昺、謝貴，午夜兵出，奪取九門，三天後拿下北平，然後移師居庸關。

大砍大殺之際，建文帝派老將耿炳文統兵前來，首戰不利，繡花枕頭李景隆隨後閃亮登場。

李景隆，男，朱元璋外甥李文忠的兒子，身材高大，容貌俊美。年輕的小皇帝沒有鑑識人才的眼光，單只能看相貌，一見這位老兄外殼如此華麗，大喜曰：「希望竭力相維持，他日事平，當有重報。」

於是李景隆調集精兵猛將，計五十萬人，殺氣騰騰地前來攻打北平。而朱棣這邊呢，滿打滿算，加上先前收羅的降兵，也不過一萬之眾。實力對比是五十比一，所以按照孫子兵法，十則圍之，先行將北平團團圍困。

李景隆這邊，最能打的是大將瞿能父子二人。此兩人曾隨大將軍藍玉出大渡河征西，煞是兇狠，首戰出兵，就聽哐哐哐、嘩啦啦，父子合力，竟將北平的彰義門搗碎，不由分說，衝入城中。

按理來說，朱棣已經玩完了，沒咒念了。可惜，這個理是瞿能父子的理，不是李景隆的理。一見兩人要立大功，他登時火大，立刻傳令收兵，存心把二人都坑死在城裡，幸虧父子倆武藝高強，又扭頭殺出條血路，衝出城來。

那邊守城兵將叫一聲娘親，急忙命人用冷水澆城頭，把城頭凍得結結實實，築成冰城一座，李景隆再無計可施。

北平殺得熱鬧，朱棣卻不在城中，他老兄正在會州收羅降兵。湊足幾萬人之後殺回來，正遇李景隆的騎兵，當下發狠一搗，打得黃河冰面嘩啦一下裂開，騎兵們盡數跌落河心，凍成冰人。

隨後，雙方移師，決戰於白河，但李景隆已成驚弓之鳥，趁朱棣不留神之際，飛也似的逃走了。

五十萬大兵居然鬧得灰頭土臉，朱棣頓時囂張起來。然而此時的他，仍未能完成人格轉化，最多不過算是「半狼羊」。行將到來的慘烈衝突，以及兩軍對壘時的強大壓力，隨時都有可能讓他再次崩潰。

第7章

一塊破牌子的威力

朱棣很生氣，後果很嚴重，下令調來大炮轟城。不想城裡的鐵鉉自有怪招，忽啦啦一片片招牌豎起，細一看，牌子上面都寫著同樣的幾個大字……

首戰失敗，建文帝向前線發來電文：人生豪邁，不過是從頭再來。於是李景隆再次集調全國兵馬六十萬人，號稱百萬，氣勢洶洶地又回來了。

這一次，朝廷方面不唯兵多，將領也猛，除了武功高得怕人的瞿能父子，還有大將平安。

說起來，平安以前和朱棣也是戰友，曾經手挽手、肩並肩，共同征伐過塞北。無奈殘酷的路線鬥爭，讓昔日的戰友淪爲今日戰場上的死敵。

在平安這裡，昔日和朱棣的交情，正是政治上的污點，所以他的表現，必須比任何人更要積極勇猛，兩軍甫一對陣，便開始大喊大叫，瘋了一樣奔燕軍殺將過去。朱棣本來還對老戰友抱著莫大的希望，可眼瞧著自己的將士被砍倒一片，滿地都是亂滾的腦殼，終於省悟過來，匆忙調騎兵從平安背後重力衝撞，將之擊退。

次日，雙方展開大決戰。朝廷方面仍由平安、瞿能父子帶頭，高喊著滅燕的嘹亮口號，集結優勢兵力，向著燕軍猛衝。

其中，平安一馬當先，撈到燕軍大將陳亨，當頭一刀，將腦殼砍飛。燕軍駭得心寒膽裂，不敢靠前，任由三名大將砍瓜切菜一般大殺一氣。

眼見得大勢已去，朱棣已經在腦子裡構思失敗後的自白書了。正在措辭之際，忽聽喀啈啈一聲怪響，一股黑色的狂風，從東南方向的地平線捲起，直向著李景隆的中軍刮過去，砰！中軍旗折為兩斷。朝廷軍不明所以，一個個頻頻回頭，想弄清楚後面到底發生了什麼事。

朱棣逮到這個天賜的好機會，急令輕騎繞到李景隆後面，順風縱火。濃煙起處，六十萬大軍不戰自潰，逃命的腳步聲驚天動地，丟棄的輜重器械堆積如小山。燕軍不依不饒地在後方窮追猛趕，最能打的瞿家父子，雙雙死於亂軍之中，只有平安，平安逃脫。

正是此役，奠定了燕王奪取天下的最大資本，也暴露出建文帝方面的孱弱無能。對民心士氣的影響，是決定性的。

興奮的朱棣揮師猛入，慌張的李景隆敗逃如飛。

這當口，前任錦衣衛楊本怒了。此人兩臂有萬鈞之力，慣使一根重三十斤的狼牙棒，首先上書痛批並揭發了李景隆的種種無能罪狀，然後大踏步地迎著對手衝殺過去。

燕軍排山倒海般湧來，很快便將孤零零的猛將楊本淹沒，等密如螞蟻的軍隊擁過，有人看到楊大人手腳遭反縛，被拖在馬屁股後面，狼狽地跑步前進。

什麼叫孤掌難鳴？這就是了。

然而，前任錦衣衛楊本的拚死血搏，刺激了朱棣大腦中的一個興奮點，從而導致了日後錦衣衛制度的全面復活並肆虐。不過，此時還顧不上復活錦衣衛，他正興高采烈地率領著燕軍，大踏步地向濟南逼近。

來到城下，新任山東布政司鐵鉉發來請降書，朱棣大喜，當先而入。堪堪行至城門前，就聽咣的一聲巨響，一道重逾千斤的鐵閘當頭砸下，將他的座騎腦袋當場砸成液態物。

朱棣摔落在地，昏頭脹腦地爬起來，驚見大開的城門正緩緩關閉，吊橋也在慢慢升起。慌亂中，只得搶過也不知是誰的座下馬，疾衝跨越，越橋而走。逃得遠遠的再回頭看，總算省悟過來，原來人家想一鐵閘拍死他。

這下子朱棣氣壞了。你說這個鐵鉉，一不是中國人——此人乃色目人，正宗維吾爾族，二不是戰將——他本是負責後勤糧草調度的山東資政，官職不過是副科級，只因為力主死守濟南，才獲升任山東布政司。說說看，這裡邊究竟有你鐵鉉什麼事呢？何苦跟著瞎攪和？

朱棣很生氣，後果很嚴重，立即下令，調來大炮轟城。

卻不想，城裡的鐵鉉自有怪招。忽啦啦一片片招牌豎起，細一看，牌子上面都寫著同樣的幾個大字：太祖高皇帝之神位。

攻城的燕軍大駭，開炮？

衝朱元璋開炮？這個……合適嗎？

與此同時，嗖的一響，朱棣腦內那「半狼羊」的人格，居然因著朱元璋靈位的刺激，瞬間退化為羊。面對一塊塊根本毫無意義的牌子，朱棣踉蹌後退，竟然不敢發令開炮。

說起來，開炮又有什麼了不起？

朱元璋說破了，也不過一個死皇帝，一隻死狼。你朱棣如果想成就帝王大業，那就得是隻活狼。誰聽說活狼害怕死狼的？

帝王之業，沒有親眷這個說法，講究的就是六親不認，比較的就是冷血殘忍。漢高祖劉邦連親爹都不認，唐太宗李世民宰哥殺弟，朱元璋殺人更是講究以數量取勝。現在輪到了你，你客氣什麼？

一隻活狼肯定不會怕死狼，可是一隻羊，哪怕只是聞到狼的一點點氣味，都要嚇得四腿痲軟。

當時朱棣的表現，正與典型的老綿羊無二。在一塊廢牌子面前，他害怕了，退縮了，終於迎來起兵後的首次慘敗。

第 8 章

野狼是怎樣煉成的？

朱棣再次落荒而走，到了半夜，暫時下馬打個盹，等醒過來，發現前後左右密麻麻的全都是朝廷兵馬，所有人各自忙著埋鍋造飯，沒人顧得上理他。

朱棣逃回去後，關起門來琢磨了好幾天，終於意識到自己臨場退化，犯下了嚴重的錯誤。

這個錯誤往小裡說，可能會在他心裡留下永遠抹不掉的陰影。往大裡說，有可能讓他徹底退化回羊，並固化凝止，再也沒有二次進化的機會。

不行！眼下的情勢是有進無退，進化則萬世帝王，退化則千古罪人。於是，朱棣把牙一咬，後退無路，那就只能拚上老命再進化！

返身殺回，聞說鐵鉉已經移師，這激發了他心中的莫名恐慌，不敢惹事，掠城而過。誰知人家是吃定了他，居然大開城門，尾隨而來。

你追我跑到東昌，朱棣再一咬牙，扭頭準備死拚。回過頭去，就見對方的隊伍列成方陣，迎著他撞來，臨到跟前，鐵鉉一揮手中小旗，大軍嘩的一聲，潮水一般朝兩側分開。

朱棣收勢不住，一個跟頭栽進去。隨後，鐵騎迅速合攏，將之淹沒。

燕軍左軍主將朱能見勢大駭，急忙衝上來，卻被鐵鉉掏出一堆原始毛瑟槍，一通狂轟，轟得他掉頭而逃。

燕軍的中軍主將張玉，不懼火槍的轟擊，強行衝入軍隊中，到處尋找朱棣。卻是奇怪，那廝竟好似鑽到了地底下去，任他喊破喉嚨，瞪裂眼球，硬是看不到半點的影子。不一會工夫，鐵鉉大軍潮水一般湧來，有著燕軍第一猛將之稱的張玉，就此被砍得七零八碎。

燕軍大潰，鐵鉉隨後追殺，砍得滿地都是亂滾的腦袋。倒是朱棣不知什麼時候悄悄逃出了重圍，飛也似地跑回家去。

回去之後，朱棣已是一蹶不振。道衍和尚急忙給他打氣，「王爺，不要灰心，不要洩氣。天將降大任於斯人也，必須讓你精神崩潰、心理崩潰、人格崩潰……等全都崩潰了，你全新的野狼人格就塑造成形了……王爺，你睡著了嗎？能聽到我說話嗎？」

他強打精神站起身，「反正都他媽的崩潰了，那就再來！」

再來就更悲慘。戰於夾河，麾下猛將譚淵不小心跌下戰馬，被人家當場剁碎，朱棣再次落荒而走。到了半夜，暫時下馬打個盹，等醒過來，發現前後左右密麻麻的全都是朝廷兵馬。

他呆呆地望了一會兒，見所有人各自忙著埋鍋造飯，沒人顧得上理他，趕緊翻身上馬，逃之夭夭。

史家解釋說，朝廷軍馬之所以不捉朱棣，是因為昏頭皇帝朱允炆有旨，禁止任何人傷害他親愛的四叔。這解釋純粹是胡扯，倒不是說朱允炆沒下過這道聖旨，聖旨的確有，可捉到朱棣，那是多大的功勞啊？升官發財、出將入相都不在話下，傻瓜才會把皇帝的話當眞。

士兵們不逮住朱棣的眞正原因，要從兩方面來探討：

第一，戰爭這種殘酷遊戲，儘管不符合老百姓的利益，卻符合軍人的利益。軍人渴望戰爭，唯有在戰爭時期，一切兇殘行為才能合法化，搶男也好，霸女也罷，想幹什麼就幹什麼，何等的幸福。一旦戰事結束，大部分軍人都會趕出兵營，淪為失業人口，淪為貧困人群，淪為弱勢群體……只要腦子沒灌進太多的水，他們就不會太急於結束戰鬥。

第二個原因，軍隊是有組織的，服從命令乃天條。高壓之下，士兵已經成為喪失思考能力和獨立意志的工具，一旦長官下令，不管什麼傷天害理的勾當，都是照做不誤。反之，如果沒有命令，便茫茫然不知所措。

朱棣遭遇到的朝廷兵馬，正處於這兩種狀態的夾層中。一來沒有高級長官下達命令，二來朱棣這邊也有不少人手，只要不主動發起攻擊，他們寧可裝作沒看見，以免真打起來，大功沒立成，先讓自己挨上一刀。

總之，朱棣施施然從敵軍中穿過。面對四周一雙雙躲閃的眼睛，可以確信，就是在這個關鍵的瞬間，他的腦內轟隆巨響，全新的野狼人格，終於在他的思維中建立起來。

他看到了對方的恐懼，也體驗到了自己心裡那足以將金鐵壓成流汁的壓力。強勢的心理力量，將此前從書本中領會的道理，與現實迅速地結合，終於達成完美的知行合一，也就是全新人格的建立與置換。

當與朝廷兵馬相遇，他還是隻大耳朵老綿羊。可待穿越敵軍而過，他已經成了一隻大尾巴野狼。天地之間，再次迴盪起可怕的嚎叫聲。時代的巨變，即將上演……

第9章

兵行如火

朱棣拿起信一看，嗯，竟然連信封都沒有撕開，驚曰：「嗟夫，幾殺吾子！」擲地有聲的名言，讓我們得以確信，此刻的他，已經養成完美的帝王思維。

從現在開始，歷史已無懸念可言。

異化為人狼的朱棣，智慧獲得陡然的提升。此前，他總是處於被動挨打，受制於人的狀態，可如今，不過一夜之隔，他擁有了較所有人都要強大的智力優勢，即將大展身手。

很快的，大批難民逃入滹沱河北岸，進入眞定城。朱棣隨後統軍來到，就聽難民群中，爆發出激烈的呼應聲，這些人原來都是燕軍精猛士卒假扮的。巧妙調度，前後夾擊，傾刻便合力將朝廷軍隊擊潰。

接下來，燕軍勢若破竹，取順德，下廣平，河北郡縣望風歸附。

是時候了！朱棣仰天長笑，向南京僞政府下達最後通牒，勒令建文帝立即交出戰犯，改過自新。與此同時，一支七千人的突擊隊疾馳南下，直撲谷亭，將貯存在當地的糧草盡焚。另一支突擊隊則是出現在沛縣，一把火燒光正準備開往南京的糧船，烈焰滾滾騰空。

用以資助前線將士的糧草，被兩支神出鬼沒的突擊隊徹底焚盡，朝中聞報，全體震駭，朝廷方面頓時陷入絕境。

更離奇的事件還在後頭：一支三萬人的朝廷軍隊，沿途追殺朱棣那支不過七千人的突擊隊，兩軍相遇的結果，卻是七千人將三萬人打得落花流水，僅斬首就超過萬餘。

朝廷告急，皇帝告急，這時名臣方孝孺率門人林嘉猷越衆而出，獻上一條絕妙好計。

前面說過，燕王朱棣有三個兒子，老大朱高熾、老二朱高煦、老三朱高燧。當中，老大朱高熾已經被內定爲世子，就是下一屆的燕王，所以老二朱高煦、老三朱高燧非常不滿，每天變著花樣算計哥哥。

先前，仨孩子都在南京城當人質，後來建文帝腦子一糊塗，全給放了回去。現在，方孝孺建議說：「咱們這麼著，馬上給朱棣的大兒子朱高熾寫封密信去。老二朱高煦、老三朱高燧都在死盯著他呢，密信一到，兩人肯定會在朱棣面前給大哥上眼藥。眼藥一上，他們一家肯定打成一團，咱們就剩下看熱鬧了。」

建文帝聞言大喜，旋即寫了信，派人給燕王家的老大朱高熾送去。卻不想這位小燕王，算得上當時天下最有智慧之人，一見書信，立馬洞悉朝廷的陰謀，當下也不拆信，命人直接將書信送往前線親爹處。

事態的發展也正如方孝孺所料，信尚未送到朱高熾手上，老二朱高煦和老三朱高燧就已經探到了風聲，飛報給父親知道，口口聲聲只說大哥要反了。

朱棣心裡是如何想的，旁人都不太清楚，但未及一時三刻，朱高熾便派人將信原封不動地送至。他拿起一看，嗯，竟然連信封都沒有撕開，不由得驚曰：「嗟夫，幾殺吾子！」

一句擲地有聲的名言，讓我們得以確信，此刻的他，已經養成了完美的帝王思維，進化成一隻孤獨的狼。

嗟夫，幾殺吾子——短短幾個字，透出異常豐富的訊息。

帝王基業，與普通人的思維完全不同。一般人都是爲了子孫兒女打工，辛辛苦苦操勞一輩子，目的無非是避免讓兒女輸在起跑線上。帝王要的則是唯我獨尊，這個唯我，不單指不相干的人，就是親人也不例外，甭管是兒子或者姑娘，只要瞧你不順眼，就咯嚓一刀，先切了你丫的腦殼再說，大不了老子以後再逮幾個美女，多生幾個兔崽子……

若非抱持視親生骨血爲寇仇的病態思維，斷然無法抗拒人性與生俱來的弱點，成就千秋萬代名垂青史的帝王大業。

還記得嗎？朱棣曾考量到自己有三個兒子在建文帝手中當人質，多少不敢輕動，到了這當口，卻僅僅因爲不確定的消息，就對親兒骨血起了殺機。期間的思維變化，正乃從羊到狼的歷史性跨越。

嗚嗷！狼來了……嘹亮的嚎叫，伴隨夜風疾掠進每一個人心中。大家都有一種強烈的感覺：六親不認的野狼來了，眞龍天子出世了！遂有大批的太監逃出南京城，投奔北平解放區，並建議道：「朝廷重兵在外，京師空虛可取。」

「有這事？」朱棣心旌動搖，「若然如此，要不……咱們就去南京城看看？」毋下城邑，疾趨京師——伴隨著寒氣森森的命令，鐵蹄掠過州郡之地，迅速向南京城撲去。

沿途各地州府，多數閉門不出，偶有交戰，朱棣也不糾纏。他的目標極爲明確，只要京師！龍椅在京師，路上跟人較什麼勁呢？

經過一連串局部交火，西元一四〇二年六月，燕軍兵臨南京城下。朱棣正式發佈告全國人民書，敦促南京僞政府投降。

第10章

狼只是心太軟，心太軟

鐵鉉的兩個女兒同樣被發往教坊，但她們極有骨氣，只是蹲在妓院裡寫詩，堅決不肯讓壯漢們蹂躪。朱棣命人將女孩子寫的詩拿來，一看當場落淚。

面臨朱棣的咄咄逼人之勢，南京城中，沒有絲毫的防禦措施。

這是因為朝中百官，但凡忠於建文帝的，多半腦子不夠用。但凡腦子夠用的，早已嗅出了朱棣身上濃烈的野狼氣味，屈服的綿羊本能，已經讓他們的心趨向於城外，當然不會再幫著朱允炆那個笨蛋。

忽見內史來報，左軍都督徐增輝暗中策劃投降燕王，事情敗露，被御史魏冕、大理寺丞鄒瑾等十八個官員逮住，打了個半死，請求皇上將之誅殺。憤怒的建文帝親審徐增輝，問他是否真的要謀反，他拒絕回答——他當然有權保持沉默，只因坐在面前的只是一個懦弱的君王，一隻不具傷害能力的小綿羊。

朱允炆果然拿他沒法子，身為懦弱的君主，他已經習慣了別人的敵意和不尊重。儒家教化將他的心腐蝕透徹，自始至終，他就沒有學會過運用權力的暗惡。

下令將不服不忿的徐增輝關押起來，建文帝走在回宮的路上，突聞特大利空消息——他最信任的李景隆和谷王，已經大開城門，熱烈歡迎燕王朱棣進城。

宛如平空生出一柄利刃，嗖的一聲沒入心臟。霎時之間，修習了二十六年之久的儒家仁德思想，粉碎瓦解，分崩離析。

與人為善又怎麼樣？待人以誠又如何？子曰：我欲仁，斯仁至矣……至矣個頭啊！難道他朱允炆對李景隆還不夠善？還不夠誠？還不夠仁？付出絕對的信任與善良，得到怠忽職守和惡毒的背叛，這難道才是人性的本來面目？

悲絕之下，朱允炆仰天慟嘶，昔日支撐他的思想理念刹那垮塌。

是的，他的人格也崩潰了，不僅如此，還以遠遠勝過朱棣的速度，極其迅捷地建立起全新的野狼人格。

異化爲狼的朱允炆一面發出可怕的慘嚎，一面手提利劍，疾衝回徐增輝面前。老徐無限詫異地望著年輕皇帝，他有話要說，他是眞的想說句心裡話……陛下，你丫早這麼玩不就結了？如今才想起來進化爲狼，太晚了點吧？可惜還沒開口，只聽喊哩啐嚓，已被大卸八塊。

卸碎了徐增輝，朱允炆怒氣衝衝地去尋找李景隆，可人家正忙著向朱棣表忠心呢！耳聽宮外傳來的燕軍喊殺聲，他悲憤難抑，索性放一把火，要將這邪惡的世界燒個精光！

朱棣聞訊飛馬趕來，急叫滅火，他可不希望朱允炆就此葬身火窟，這不符合野狼的獵食法則。

他渴望將人揪到面前來，責以大義，嚴厲批評，讓這小子進行深刻的檢討。是的，只有朱允炆活著並且承認自己的錯誤，這一起漫長的軍事行動，才能在歷史上獲得「公正」的評價。

結果並不理想，大火撲滅之後，屍體倒是撈出來一具，可到底是不是朱允炆，實在不好說。

建文帝下落不明，生死未卜。另一方面，在朱棣的主持下，全國性的抓捕戰犯的群眾運動，轟轟烈烈地開展起來。

戰犯第一號黃子澄，當時正在蘇州調集兵馬，準備勤王。尚未行動之際，早有捕吏衙役蜂擁而入，將之械送京師。

朱棣以狼的方式對他進行了酷毒的報復，斫去雙手雙足，而後肢解。其宗族老少六十五人、妻族外親三百八十人，男性俱斬，年輕的女性送入教坊司爲娼。《奉天刑賞錄》上說，朱棣親自下令，每天讓二十名壯漢輪暴黃子澄的妹妹，直到這可憐的姑娘生下父不詳的孩子。

戰犯第二號齊泰，他也是在外邊募兵，聞知京師淪陷，當即易了妝，還將自己的白馬染成黑色，一路向南狂逃。不料跑得太快，汁水將白馬身上的黑顏料沖洗出一道道白痕，成了一匹斑馬，爲火眼金睛的人民群衆發現，扭送有司，械押京師。

齊泰被殺，全家誅族，他的姐姐和兩個外甥媳婦也被送入教坊，與黃子澄的妹妹作伴，任由惡徒肆意蹂躪。

戰犯第三號是禮部尙書陳迪，他拒絕承認朱棣設置的法庭的合法性，與六個兒子一齊遭到凌遲。孩子們死前放聲大哭，「爹，你坑慘了我們！」

戰犯第四號，正是色目人鐵鉉。他被虐殺之後，兩個女兒同樣被發往教坊，但她們極有骨氣，只是蹲在妓院裡寫詩，堅決不肯讓壯漢們蹂躪。朱棣聞知大怒，命人將女孩子寫的詩拿來，凝神一看，其中一首寫道：

教坊脂粉洗鉛華，一片閒心對落花。

舊曲聽來猶有恨，故園歸去已無家。

雲環半挽臨妝鏡，兩淚空流濕絳紗。

今日相逢白司馬，尊前重與訴琵琶。

讀完這首詩，他當場落淚，「眞是多麼好的孩子啊！雖然她們的父親對朝廷、對國家，犯下了不可饒恕的罪惡，但出身畢竟不由人選擇。相對的，人生的道路，卻可以由自己一步步地走出來。只要她們願意和罪犯家庭劃清界限，國家還是可以考慮重新安排工作。」

別懷疑，他的確被這兩個女孩子的抗爭精神深深打動。說到底，他原本是隻好鬥的大角羊，怎奈人生艱難，硬生生把他給逼成了狼。儘管進化已經完成，在某些短暫的時刻，仍要展露出狼心裡最柔軟的一面。

赦令傳出，鐵鉉的兩個女兒逃脫劫難。

有分教，兩弱女不辱教坊，一隻狼發現天良。這件事成爲狼性爭惡事件中唯一溫暖人心的閃光點，始終傳頌不息。到了明末，有個名叫陸人龍的，專門寫了部報告文學《醒世言》，講的就是智慧與才情兼具的兩位姑娘的故事。

第11章

江湖大爆料

一波未平，一波又起——江湖上傳出驚人爆料：建文帝本尊現身！他就在武當山中，改名張三丰，開創了千秋萬代的武當派，有與少林寺分庭抗禮之勢。

一屁股坐到龍椅上之後，可憐的朱棣發現一件讓他極度痛苦的事：很可能是因著鐵鉉那兩個靈慧女兒的影響，他的狼性人格又有點不太穩固。說得更白一些，他再一次退回了「半狼羊」狀態。

誅殺反對者的時候，他用盡了酷毒的手法，好比大儒方孝孺，竟被他盡殺十族。但臨到面對駙馬都尉梅殷，他猶豫了。

梅殷，娶的是朱棣的親妹妹寧國公主，夫妻關係非常和諧，你恩我愛，卿卿我我，唧唧歪歪。

早些年朱元璋臨死前，專門給梅殷留下了一紙密詔，讓他暗中保護建文帝，可年輕皇帝不懂事，把他外放得遠遠的。戰火燃起時，梅殷阻在淮安，朱棣曾請求借道，遭到拒絕，不得不繞道而走，內心自然氣憤。

既然氣憤，就要報仇，於是找上了妹妹寧國公主，忽悠她寫了封血書，讓老公回來。梅殷乖乖回來，與朱棣你瞪著我，我怒視你，誰都瞧對方不順眼。

不順眼也就算了，又過不久，一天他去上朝，正走在一座橋上，冷不防旁邊兩名官員一腦袋撞過來，腳下一滑，撲通栽進水裡。那兩人跟著居然還手拉起手，阻止人們的營救，眼睜睜看著他淹死。

聽說此事，寧國公主大哭大鬧，揪住哥哥的衣襟不放，一定要讓他賠她丈夫。朱棣狼狽不堪，再三解釋說一切都是意外，最後甚至下令將兩名鬧事的官員殺掉。二人死前怒不可遏，大聲吼叫：「陛下，你摸摸良心說，這事是不是你吩咐的？怎麼能這樣卸磨殺驢呢？」

朱棣氣急敗壞，只好再爲梅殷主持盛大的追悼會，又將寧國公主的兒子都封爲高官。不斷的威脅利誘，總算慢慢地把一樁風波給拖了過去。

一波未平，一波又起——江湖上忽然傳出驚人爆料：建文帝本尊現身！

他在哪裡？

他就在武當山中，改名張三丰，開創了千秋萬代的武當派，隱隱約約竟有與少林寺分庭抗禮之勢，成爲中國傳統武學中的第二大門派。

建文帝就是武當張三丰？眞的假的？

你愛信不信，反正朱棣是信了，於是秘派當朝戶科一位姓胡的給事中潛入武當山，想逮回張三丰。奈何張眞人的武功太高，瞻之在這座山峰，忽焉在另一座山峰，仰之在懸壁之上，俯之他又在峽谷中，可憐的給事中累得半死，始終沒能完成任務。

也有史家解釋說，實際上，倒楣的給事中是以尋找張三丰爲名，暗中尋找建文帝，他們倆壓根就不是一個人。要曉得，堂堂一代武林宗師，早在大明開國時就已是盡人皆知，甚至連朱元璋都派出人去找過他。所以啦，張眞人斷無可能爲建文帝。

不過，單從那位胡姓給事中的歷史表現看，情況詭異得很。

此人自出京以來，長達十年風餐露宿，微服夜行，就連親爹死了，都不肯放下工作回家看看。直到二十一年後，他才突然返回，密見朱棣。沒有人知道他們都聊了些啥，歷史就在這裡沉寂下去。

由此想來，可能性只剩下最後一種：建文帝估計眞入了武當派，但不是張三丰，只是張三丰的廚子。畢竟武當派藏於深山，想招個燒火的員工還眞不容易……

第12章

寂寞時節說孤狼

曾經有一天，朱棣無預警地衝入翰林院，挑戰二十八名飽學的鴻儒。跑來找他們鬧事，自然是想找個旗鼓相當的對手，排遣一下內心的寂寞。

西元一四〇七年夏天，成祖朱棣來到靈谷寺，正大搖大擺地走著，忽聽啪嗒一聲，一條綠色的多足菜青蟲落在身上。

朱棣大喜，急忙叫過手下人，「過來，過來，動作輕一點，要溫柔，把這隻菜青蟲放回到樹上去……千萬不要嚇到可憐的小傢伙啊……」

一條蟲，至於嗎？對此，他解釋說：「菜青蟲雖小，也是一隻小寶寶，心存慈善多照料，熱愛生命要記牢。」——此物雖微，皆有生理，毋輕傷之。

看出來了，朱棣的內心，正值狼羊交戰，惡鬥正酣。一方面，他以狼的法則無情地虐殺政治對手。另一方面，一個絕望的呼聲不斷地從心靈深處傳出：「放我出去！你這隻可惡的大尾巴狼，快滾開！放我出去……」

然而，人生的殘酷就在於：一旦異化爲狼，再無求贖之日。

昔日憨厚質樸的綿羊人格，已被牢牢禁封在潛意識深處。主宰他的，是人性中越來越強烈的狼族慾望——獵殺！渴望鮮血，渴望屠殺，渴望著生鮮靈動的對手。

奈何千羊易得，一狼難求。天地茫茫，紅塵滾滾，如朱棣這樣的孤狼，注定了要在荒原上孑然獨行，滿目瘡夷，身心疲憊。唯一企盼的，便是再找到另一隻勢均力敵的狼，體驗一下相互嘶啃的快感。

譬如弈棋，身爲絕頂高手者，非唯找到另一個能入眼的對手，否則滿目臭棋簍子，還下個什麼勁啊？他也不是沒有嘗試過，不是沒有尋找過。曾經有一天，朱棣無預警地衝入翰林院，挑戰二十八星宿——翰林院中，有二十八名飽學的鴻儒，名頭極大，史稱二十八星宿。跑來找他們鬧事，自然是想找個旗鼓相當的對手，排遣一下寂寞。

聽！衝進翰林院的朱棣發話了：「請聽題，你們誰能背誦出柳宗元的《捕蛇者說》？」

「柳宗元？他是哪個部門的？有職稱嗎？」

「《捕蛇者說》？今晚的菜是蛇羹嗎？不會又是拿鱔魚騙我們吧？」

朱棣呆呆地望著他們，開始他還以爲這夥人在開玩笑，飽學鴻儒啊，國學大師啊，豈有連柳宗元的《捕蛇者說》都沒聽說過的道理？

不意現實比預想更要殘酷，他很快就查明，二十八個混蛋眞沒聽說過柳宗元的《捕蛇者說》，之所以能混上二十八星宿的職位，不過是因爲……總之吧，任何時代都少不了混飯吃的傢伙。而且呢，只要一個騙子混入專業領域，很快就會把一大群騙子同伴帶進來，並將有才學的人驅逐出去。不管哪一個年代，出鋒頭的專家基本上都是騙子，眞正的專家全蹲在角落餓肚子。

永遠的劣幣，驅逐永遠的良幣，這就叫社會規律。

弄清楚事情的前因後果，朱棣發出受創的慘叫：「見過欺負人的，沒見過這麼欺負人的！竟然弄一堆不知道柳宗元的文盲，冒充翰林院二十八星宿，你們拿我當傻子啊？」

統統充軍流放！晦氣重重的僞二十八星宿，乖乖打起小包袱捲，往邊關站崗放哨去了。夜深人靜，冷月孤懸，這時候再回想起翰林院的舒適日子，肯定要打從心底悲歎：「人生、命運哪……」

且說朱棣氣衝衝地回宮，越想這事還是越上火。怪不得當年朱元璋狂砍讀書人，你看這幫混蛋，不砍掉他們，怎麼對得起自己的娘親？

正要下令將僞二十八星宿全部砍頭，朱棣心靈深處的綿羊人格又嘶叫起來：「放我出去！放我出去！你這條大尾巴狼，跟幾個混飯吃的小騙子較什麼勁？有本事去找個厲害的對手來。」

讓綿羊人格一打岔，朱棣的心又軟了，僞二十八星宿的腦袋果然都留在脖子上，只是送去偏遠地帶扛木料，強其筋骨。可你想想，這群混蛋既然能夠混上高級技術職稱，門路一定相當的廣，早有大臣飛跑來說情。此後不久，他們果真又都回來了，繼續進翰林院冒充博學鴻儒。

或許經過這一連串的事件，朱棣才真正理解三國時代曹操的幸福。曹操的幸福，在於他居然能夠遭逢棋鼓相當的對手，劉備——天下英雄，唯你大耳朵劉備和我曹操啊！這話，說得幸福而又悲涼。

也或許直到這時候，他才真正理解了朱元璋遇上王保保的欣慰。相較之下，難道他朱棣此生，就注定了形單影隻，再也找不到好對手？

絕望之餘，目光投向遙遠的大漠。

長河落日圓，大漠孤煙直。那片蒼涼寂寥、杳無人煙的土地，定然有蒼狼狂奔其上。

第13章

尋狼之旅

到達蒼松嶺，正吩咐將士們安營紮寨，朱棣突然發現不對，現場的草地，分明才被戰馬啃過，這表明有一支部隊剛剛離開。如此一想，心情頓時亢奮。

五十歲那一年，朱棣騎著戰馬，出德勝門，經由宣府北上。一路上但見平漠萬里，景色無限蕭條，內心的鬱悶卻慢慢地舒展開來。

北上漠原，去尋找屬於野狼的自由吧！

大軍行至臚朐河，將之改名爲飲馬河。

馬鳴風嘯嘯，夜黑雁飛高。射人先射馬，大雪滿弓刀……這邊朱棣正在發慷慨之激情，忽見前方塵煙滾滾，一支韃靼武裝氣勢洶洶地殺奔而來。他興奮得差點放聲大哭，當即指揮，「三軍聽令，往前、往後、往左、往右……總之就是以重甲騎兵對重甲騎兵，迎面衝過去跟韃靼人對撞，不信撞不死他們。」

轟！巨響中，兩支重甲騎兵重重撞擊在一起。馬上的騎士都穿著超重的金屬鎧甲，上馬時是讓人扶上去的，如今給撞得跌下來，又被比烏龜殼還硬實的鎧甲壓住，根本爬不起來，索性全閉上眼睛裝死。

此番衝來的韃靼武裝，打頭的名叫本雅失禮，乃正宗大元帝國後裔，最近剛剛登基。因爲和知院阿魯台尿不到一個壺裡，心裡鬱悶，便出來找人打架出氣，忽見莫名其妙冒出好多人，自然怒氣衝衝地殺過來。

當下雙方一場惡鬥，本雅失禮兵力不足，後續跟不上，打了一會兒，感覺到筋骨已經活動開，就賣了個破綻，掉頭便走，並狂拋車甲輜重阻住對手的追擊路線。明軍也懶得繼續追，便把戰利品搬回來請功。

首戰告捷，朱棣對戰士們進行了慷慨激昂的講話，宣佈自衛還擊戰的目的已經達到，韃靼人領受了足夠的教訓，大軍可以掉頭，勝利班師了。

這邊，明軍大部隊興高采烈地唱著歌，浩浩蕩蕩回家去。那頭，朱棣竟悄悄地帶上騎兵，又繞了回去。

不過癮，還要再打幾架。

到達蒼松嶺，正吩咐將士們安營紮寨，朱棣突然發現不對，現場的草地，分明才被戰馬啃過，這表明有一支部隊剛剛離開。如此一想，心情頓時亢奮，急忙又命令騎兵排成方隊，列隊前行，自己另率了十幾個人，策馬登上峰頂，向下一看，哈哈！果然有一支韃靼人的武裝，正在荒野裡沒頭沒腦地往前走。

這支韃靼人的隊伍，由知院阿魯台所率領。他跟大老闆本雅失禮不對盤，心裡鬱悶得無以復加，此刻一邊在荒野裡茫然行走，一邊瞎琢磨：「咋辦呢？大草原上咱是混不下去了，去哪兒弄飯吃？要不，乾脆投降明朝算了……」正胡思亂想之際，突聽後面傳出驚天動地的吶喊，猛回頭，就見一支精銳明軍騎兵瘋了一樣衝過來。

大駭之餘，忙不迭地調兵遣將，自率一千騎兵迎上去，雙方開始狂砍。

由於阿魯台一心琢磨著投降，士氣明顯提不起來，戰了若干回合，倉皇叫道：「吾去也！」掉馬護著老婆孩子，丟下車甲輜重一概不要，如飛一般逃走。

朱棣卻是興奮不已，在後面追個不停，直到聞報軍中飲水即將喝盡，四下裡又無水源，這才悻悻回師。

行至半路，軍糧吃光了，將士們餓得兩眼放藍光，全都眼巴巴地看著老大。

這時的朱棣，對於人心世故，已是看得透透。他擁有野狼的智慧，而普天之下，再沒有哪種生物比狼更要瞭解羊。於是，他不慌不忙地將自己的御糧全部拿出來，分給各部，然後宣佈道：「仍舊缺糧的部隊，可以暫向還有存糧的部隊購買，價格由對方定，多高都沒關係。待回到京師，我本人加倍替大家償還債務。」

此令一下，就聽嘩的一聲，三軍將士全都買到了足夠的軍糧，真不知道是跟誰買的。

將士們喜滋滋、美滋滋，朱棣卻在心中暗暗冷笑，「早知道這群小綿羊全都藏了一手。哼！想跟我老狼玩，你們還嫩得很呢！」

第14章

人格裂變的一生

綜觀朱棣的一生，半狼半羊的人格，導致了他的行為乖張無度，喜怒不定，時而殘酷到令人髮指的地步，時而又軟弱得彷彿給人抽掉了骨頭。

一四一四年三月十七日，朱棣帶著小孫子朱瞻基，率領五十萬大軍，再一次浩浩蕩蕩地北出塞外。

這一回，他分明是有心調教一下皇太孫朱瞻基，最好能把這個小東西訓練成一隻兇殘的小狼。當皇帝，缺了狼性，那是萬萬不可。

此次對手已不再是韃靼人，而是韃靼人的仇敵瓦剌人。先前，韃靼阿魯台選擇歸順大明，雖然這所謂的歸順明顯靠不住，仍然惹火瓦剌部落，當下便準備狠狠地教訓一下他。

朱棣正好以此爲藉口，盡統全國兵力，出來鬧事。

一路行來，不時見到小股的瓦剌游擊隊，遠遠地衝明軍射上幾箭，然後掉頭狂奔。很明顯，他們的主力就在不遠處，這是誘敵之術。

不怕你誘敵，就怕你逃得太快。信心十足的朱棣催促五十萬大軍疾追，正跑之間，猛聽見前面的山坡上轟隆巨響，猶如開了閘的洪水，成片的瓦剌騎兵從山頂俯衝而下。

朱棣命士兵將火炮抬過來，對準山坡上的瓦剌騎兵猛轟，怎料對方悍不畏死，仍舊狂衝直下。不多時，叮哩咣啷的兵器磕擊聲在山谷中響起。他身穿甲冑，登高細看戰局，不由得倒吸一口冷氣。

這支瓦剌人部隊太能打了！彎刀指處，將明軍的都督馬聚砍得半死不活，都指揮使滿都已經給剁零碎了，武安侯鄭亨正在力戰，忽讓瓦剌人一箭射落馬下……不妙！情形大大的不妙！

朱棣急了，親率鐵騎瘋衝上去，無數支火銃噴得滿天煙花。幸好這邊有五十萬人馬，就是原地不動站著讓人砍，也能把對手活活累死，所以又不多久，便聽瓦剌人一陣呼哨，所有人掉頭就撤。

怎想明軍中武功最高的宦官李謙殺得性起，竟不顧一切地揪住皇太孫朱瞻基，發狠狂追，不曾想對方逃著逃著，忽一個回馬槍，返身殺將過來，霎時間將朱瞻基團團圍困，數不清的長刀照著未來皇帝的腦殼只管亂砍。幸虧朱棣防了一手，另派軍隊追至，這才保住孩子的性命。

戰事結束，李謙知道自己闖下了大禍，趁沒人注意的時候，找了棵歪脖子樹吊死了。

回來之後，朱棣越想越氣，明明自己才是兇狠的狼，怎麼這夥瓦剌人還要更猛一些？到底是什麼地方出了毛病？

正疑惑著，忽報韃靼阿魯台造反，他登時又興奮起來。打瓦剌人是不太好辦，可打阿魯台，機會萬萬不可錯過。

誰知戶部尚書夏原吉反對戰爭，理由是糧草不足，氣得他火冒三丈，不由分說便將夏原吉和幾位反對戰爭的大臣全數下獄，親率十萬大軍、三十四萬隻花毛驢、二十三萬農民工，開始了第三次親征。

阿魯台那廝相當狡猾，聞知大明派來了三十四萬匹花毛驢，絲毫也不猶豫，以最快速度帶著老婆孩子搬家，遠遠地逃到了偏僻的北方。朱棣和他的花毛驢進退維谷，只能悻悻地退回來。

一年以後，年邁的明成祖再次調集三十萬大軍，氣勢洶洶地去草原上尋找阿魯台，卻聽說人家搬到了更加遙遠的北方，始終未曾回來。當下，朱棣近乎於絕望，三十萬大軍啊，就這麼無功而返?可是，不回去又能怎麼辦?遙望荒原，紅草起伏，連個活物的影子都看不到，讓他如何收場?

當此時，傳來重大好消息：韃靼王子也先土干仰慕大明威儀，親自出降。

聞訊，朱棣欣慰地躺下，吩咐英國公張輔入內，留了張紙條：傳位皇太子，喪服禮儀，一遵太祖遺制。然後兩腿一蹬，死了，時年六十五歲。

綜觀朱棣的一生，是戰鬥的一生、人格裂變的一生。半狼半羊的人格，導致了他的行為乖張無度，喜怒不定，時而殘酷到令人髮指的地步，時而又軟弱得彷彿給人抽掉了骨頭。但他始終不忘控制自身，將人格固化在更接近於狼的狀態上。

可以確信的是，倘不是馬革裹了屍，折騰到最後，鐵定會陷入癲狂——事實上，他已經癲狂了，晚年階段竟然殺掉兩千八百名宮人，而且每次行刑，都要親自提刀上陣，親手將弱女子們剮碎。

史書上記載，有的女孩情知終究難免一死，索性破口大罵他陽痿，你丫自己硬不起來，再折騰也沒用！心理崩潰導致的人格異化，間接使得性能力徹底喪失，或許這也是他流連於戰場上，不樂意回宮的主要原因之一。

朱棣，這位帝王所承受的心理壓力，或許比任何人都要大。

卷三

大肥仔有大智慧

大肥肉面臨的，不僅僅是親爹與二弟的聯合陣營，
連老三朱高燧都旗幟鮮明地站在二哥那邊。
面臨如此危局，如何才能夠渡過難關，登上帝位？

第1章

肥仔皇帝與他的大敵

朱高熾是個畸形，腦袋巨大，肥胖基因還高速運轉擴散，導致了嚴重的肥胖症。他一個人是沒辦法走路的，一定要好幾個太監在旁邊攙扶著。

大明帝國的第四任皇帝，是成祖朱棣的長子，仁宗朱高熾。

朱高熾的一生，基本都是走著鋼絲渡過的，登上皇位實屬僥倖。更可以說，終其一生，他都面對著一個極爲可怕的敵人——親爹朱棣。

親爹怎麼會成爲兒子的敵人？

這個事要說起來，最上火的恐怕正是親爹本人。

話說朱棣娶的是中山王徐達的大女兒，生下來的第一個孩子，正是朱高熾。但不知道基因裡頭的哪條鏈子扭差了，這孩子打生下來開始，就大大的不對頭。

怎樣一個不對頭法？

朱高熾是個畸形，腦袋巨大。大你就大嘛，偏偏肥胖基因還高速運轉擴散，導致了嚴重的肥胖症。

他一個人是沒辦法走路的，一定要好幾個太監在旁邊攙扶著。攙扶他，聽起來簡單，實際上相當不容易，既要用力，又要講究技巧，稍一不留神，就聽轟的一響，推金山、倒玉柱，一座巍峨的肉山隆重坍倒。要碰上經驗不足的小太監，當場會被一堆生鮮肥肉壓得半死。

總之，朱高熾等於一堆肉。

光是如此，已經夠讓親爹朱棣詫異的了，但朱高熾好像嫌這麼個搞法還不太夠，居然、竟然、公然，把自己的模樣相貌，和父親拉開了一段好長好長的距離。朱棣想不起疑心都難，莫非是孩子的來歷不對頭？

正鬱悶著，幸好老婆徐氏又急如星火地生下二兒子朱高煦。這小鬼頭就是道道地地的朱棣翻版了，不僅鼻子、眉眼一般無二，性格也和爹一樣，好勇鬥狠，一天到晚就琢磨著讓自己成為兇殘的野狼。

得到二兒子朱高煦，朱棣喜不自勝，立即琢磨著以後讓複製品來接班。萬萬沒有想到，他的親爹朱元璋出其不意地殺了進來，生生攪了他的局……

話說那朱元璋，自打孩子們又生下來一大堆孩子之後，就把主要精力放在了折磨小兔崽子身上。

他先將一大堆皇孫全叫到京城，說讓他們讀書，待到小孩子們吱吱呀呀讀得起勁，突然扯開嗓子大喊：「全體起立！立正、稍息、向左轉、向右轉、向前一步走、向後一步走。現在我宣佈，你們立即出城，去檢閱軍隊。」

眾皇孫不敢違抗，轟的一下子衝出了門，只有朱高熾這團鮮活的大肉塊，癱在座位上動彈不得。

幾個小太監趕緊過來，將肥肉抄起來，扶去閱兵。

沒過多久，衆皇孫檢閱過軍隊，一一地回來報到，獨獨不見朱高熾。

朱元璋只好等，等啊等，等啊等，等了好久好久，總算見遠方顫顫悠悠地，一團肥肉迤邐而來。

老朱心裡那個氣啊，忍不住喝問：「怎麼這麼慢？」

朱高熾抖了抖肥肉，不緊不慢地回答：「今天天氣有點冷，我讓士兵們先吃飯，吃了飯才閱兵，所以回來得晚。」

咦！一團肥肉居然還懂得體恤士卒。朱元璋有點驚訝，不由自主地對這個奇怪的孫子生出了興趣。

幾天後，他將一堆奏摺放在朱高熾面前，說：「肥孫子，幫忙分檢一下，揀你認爲重要的給爺爺彙報。」

朱高熾顫動著全身的肥肉，辛苦分檢完畢後，挑出一部分關乎軍國大事和民生的奏章，展開彙報。

朱元璋聽著聽著，拿手一指，「肥孫子，你瞧，奏摺上有好多的錯別字，你怎麼看不出來？這還彙報個屁啊！」

沒想到肥肉微微一顫，答道：「我早就看到了，但是當皇帝的，首先應該考慮的是軍國大事、國計民生，而不是跟幾個小錯別字計較。爺爺以爲然否？」

「然……」朱元璋悻悻地揉揉大下巴，對面前的肥肉已是刮目相看。大肥肉有大智慧，此言誠不我欺也。

往後，祖孫兩人再有對話閒聊的機會，老朱總不敢掉以輕心，生怕被肥孫子笑話自己，無奈有品味、有深度的話題非常之難找，相當令他苦惱。

終於有一天，老朱找到一個自認爲不錯的，當下興高采烈地跑來問：「肥孫子，上古時碰到水旱災害，老百姓依靠什麼呢？」

朱高熾將大腦殼一晃，「靠的是聖人的恤民之政。」

朱元璋忍不住倒抽一口冷氣，眞是人不可貌相！一團大肥肉，竟然具備著帝王等級的智慧。

再也忍不住了，朱元璋把四兒子朱棣叫來，「老四，你家的繼承世子，已經有眉目了嗎？」

「有的。」朱棣急忙答道：「我準備立我家老……」

朱元璋不等他說完，直接一揮手道：「好極了！朕也認爲你家老大合適，咱爺倆想到一塊去了。既然你如此懇求，朕現在就宣佈，立你家老子高熾爲世子。」

「你他媽……」朱棣一口氣沒上來，差點活活氣死。

第2章

超大份量的個人檔案

大肥肉面臨的，不僅僅是親爹與二弟的聯合陣營，連老三朱高燧都旗幟鮮明地站在二哥那邊。面臨如此危局，如何才能夠渡過難關，登上帝位？

朱元璋插手四兒子的家庭事務，引發了朱棣一家深刻的危機。而在王位競爭中，大肥肉朱高熾根本不占絲毫優勢。

對他威脅最大的，自然是二弟朱高煦了。

不止一次，朱高煦在王位競賽中將肥仔哥哥死死壓倒。

比如說，朱棣起兵鬧事時，遭遇到朝廷最悍勇的猛將瞿能父子，幾次三番被擊敗。最精采的一回是在白溝河之戰，當時燕軍大敗，朱棣掉頭狂奔，後面瞿能父子雙雙追來，眼瞧著就要把他逮到。千鈞一髮之際，突聽半空裡一陣呼喊：「父王休要擔心，少要害怕，孩兒來也！」

話音甫落，朱高煦宛如一團呼嘯的烈火，嗖的一下子疾撞上瞿能父子，劈哩啪啦！喊哩嚓嚓！兇猛如虎的兩人，竟爾被他雙雙擊殺。

白溝救父後，接著爆發東昌之戰。

按照慣例，又是朱棣大敗，又是掉頭不顧性命狂奔，又是朝廷兵馬窮追不捨。節骨眼上，又是朱高煦及時趕到，不由分說撞入朝廷軍中，一陣狂砍亂剁，搞得大家都哭著掉頭往回跑，再也不敢繼續追擊。

總之，二兒子朱高煦很能打。

此後又連續幾回，總都是朱高煦拯救父親的老命。都已經這樣了，朱棣再不表示表示，還算人嗎？

於是，他握住二兒子朱高煦的手，深情地道：「二寶，等爹將來當了皇上，定然把皇位傳給你。」

「說話不算數的是小狗，來，打勾。」

彼此打過了勾，朱棣轉過身來，長歎一聲，「老大呀老大，別怪當爹的心狠，誰讓你肥成這個模樣？想幫也幫不了啊！」

明擺著，大肥肉危險了。他面臨的，不僅僅是親爹與二弟的聯合陣營，連老三朱高燧都旗幟鮮明地站在二哥那邊，誓與大哥決戰到底。面臨如此危局，如何才能渡過難關，登上帝位？

這事暫且擱下，先看看大明第四任皇帝的個人簡歷。

- 姓名：朱高熾
- 曾用名：肥仔
- 出生：一三七八年八月十六日

• 出生地：北平
• 生肖：虎
• 血型：O型
• 身高：一百五十六公分
• 體重：數百公斤
• 相貌特徵：腦袋巨大，身體巨肥，無法行走
• 特長：喜經書，善謀略，深智慧
• 社會關係：
父親：成祖朱棣
母親：徐氏
妻子：張氏
共有兒子十人

十七歲，受到國家領導人朱元璋的親自接見，領導人並公開表示：肥仔是個好同志。

二十一歲，協助父親朱棣管理北平政務，並參加以父親朱棣爲首的地下抵抗組織，積極投入民族解放和獨立的事業。

同年，兒子朱瞻基隆重出生，大幅度改變了他的命運。也在同年，率兵一萬人負責北京防務，時值南京朱允炆反動政權拼湊五十萬大軍，氣勢洶洶而來，要把新生的永樂政權扼殺在萌芽中。朱高熾沉著勇敢，果斷指揮，數次打退敵人的瘋狂進攻，取得第一次反圍剿的偉大勝利。

二十六歲，獲得皇太子職稱，成爲深受人民群衆擁戴的接班人。

三十六歲，朝廷中爆發激烈的階級鬥爭，暗藏的階級敵人朱高煦陰謀陷害，釀成黃楊冤案。朱高熾的兩名得力助手大學士楊溥、黃淮被打入天牢。

四十六歲，在全國人民的一致擁戴之下，全票當選爲大明帝國新任皇帝。

四十七歲：任命七下南洋的大宦官鄭和爲南京守備，宮中太監歡欣鼓舞，熱淚盈眶，逢人便說皇帝是俺們太監的貼心人。

四十八歲：平反齊泰、黃子澄、方孝孺冤案。爾後與大臣李時勉吵架，因爲體肥嘴笨，沒能吵贏，活活氣死，臨死前大呼我要報仇，時人聞之，無不淚下。是年，天下四十餘處同時爆發八點九級大地震。

看看這份資料，我們肯定會在第一時間得出結論：肥仔朱高熾，這廝終究以其過人的智慧，擊敗了父親朱棣並著兩個弟弟的挑釁，爲自己贏得江山，無奈他是來得匆匆，去也匆匆，不過在皇帝的龍椅上坐了兩年，就蒙主寵召去了。

大家想必也發現了，上述過程中，分明藏著一個值得研究的黑洞：他所面對的對手是如此的強勢，一個不討好的肥仔，如何能贏？

說穿了，是因著一位神秘人，悄悄地在幕後幫助了他。

此人爲誰？

第3章

父子大練武

大肥肉吃力地設法爬起身，卻無論如何也辦不到，眼見得今天的跟頭是栽定了。偏在這當口，佇列後面，響起一個充滿了稚氣也充滿了煞氣的聲音……

曾有一次，成祖朱棣下達命令，讓世子朱高熾帶隊，領著二弟朱高煦、三弟朱高燧等人衆，前往孝陵給爺爺朱元璋磕頭。

先前說過，朱高熾的身體過度肥胖，雖有兩個小太監硬托著他，仍然行走不動，只能蹣跚地慢慢往前挪。二弟朱高煦、老三朱高燧自然不會過來幫忙，只張大了嘴巴，樂呵呵地在後面看熱鬧。

吭哧！吭哧！朱高熾咬牙用力，拚命想往前挪動，忽聽身上的肥肉發出激烈的顫動聲，再是一陣巨響，可憐那兩個小太監，已被坍塌下來的肥膩白肉徹底淹沒。

見此情狀，朱高煦和朱高燧再也忍耐不住，捧腹大笑起來。

一邊笑，朱高煦還一邊嘲諷道：「前面有個大胖仔，撲通一聲把跤摔，屁股從此分八瓣啊，後面小心別再摔。」

這話的原文爲：前人蹉跌，後人知警。

當衆嘲諷，擺明了不給老大留面子。在場的侍衛太監一個個垂手而立，表面假裝沒有聽見，實際上全都偷偷地瞄著朱高熾，看他要如何反擊。

大肥肉發出激烈的牛吼聲：「咻咻！咻咻咻……」原來他正吃力地設法爬起身，卻無論如何也辦不到。尷尬當此際，香囊暗解，羅帶輕分，根本騰不出心神來反擊，眼見得今天這個跟頭，是要栽定了。

偏在這當口，佇列的後面，響起一個充滿了稚氣也充滿了煞氣的聲音：「後人知警而不自戒，更有後人知警也。」

朱高煦怫然色變，彷彿一座大山突兀壓至，眼前頓時一片漆黑。完了！有此人在，搶奪帝位的機會變得無比渺茫。

出聲者究竟爲誰？

他有什麼樣了不起的本事？爲何能把兇悍囂張的朱高煦嚇成這般模樣？

提起這人，不誇張，那可眞是大大的有來歷……

大約是在一三九八年年末，又或是在一三九九年年初——到底是在哪一年，委實是筆糊塗帳，總之，是這兩年中的某一年，有天朱棣正在榻上呼呼大睡，忽然房門一開，走進來一個人。

他坐起身仔細一看，頓時大驚，「爹……父皇，你……你不是在南京的皇宮裡嗎？怎麼會到北平來？」

來人赫然正是大明的開國皇帝朱元璋，臉上帶著神秘而可怕的怪笑，上前抓住四兒子的手，將一樣東西放入他的掌心。

朱棣拿手一摸，發現是一塊宮中御用的玉佩。

朱元璋湊近前來，低聲道：「聽著！孩子，這個寶物，你要傳給子孫。子子孫孫，無窮匱也。」

朱棣卻很是困惑，「為啥呢？」

「因為……」朱元璋貼得更近了，「汪汪汪！」

「嗷！」一聲驚叫，朱棣撲楞楞從榻上跳起來，站立不穩之際，左看右瞧，屋子裡空空蕩蕩，哪裡有老爹的影子？

這是怎麼回事？怎麼老爹說來就來，說消失就消失？朱棣想了好一會兒，猛可醒悟，原來一切都是夢。

正意識到剛剛所見不過是夢境，還未真正緩過氣來，便聽宮外邊響起奔跑的腳步聲，一名小太監疾衝進來，「王爺，王爺，大喜事啊！世子家裡，剛剛生下一個孩子！」

孩子？朱棣呆愣，太巧了吧？老爹方才還托夢，說什麼子子孫孫，無窮匱也，大兒子這就給自己添了孫子。

可是，大兒子肥成那般的怪模樣，他生下來的兒子，基因靠得住嗎？靠得住！

疑惑很快就得到解答，肥仔朱高熾生下來的孩子，模樣居然和朱棣一般無二，從小就體格健壯、英氣溢面。等到年歲稍大一點，不僅像父親一樣喜歡讀書，也像爺爺一樣喜歡打架鬧事。

沉毅果決的個性造就出與衆不同的氣質，每每看著這個孫子，朱棣都彷彿在恍惚間看到又一個自己。

這孩子，就是朱瞻基。

可以確信，此人的智商必然高到了怕人的程度，他的到來，無異於爲肥胖臃腫的父親朱高熾添上最大的助力。此後的大明王朝，將是朱棣與二兒子朱高煦聯手，大戰朱高熾與他的兒子朱瞻基的時代。兩對父子捉對兒撕殺，隱匿於沉靜權謀之後的，是冷夜霜刃與森然殺機。

朝堂之上，寒風頓起。

第4章

皇帝是隻笨老虎

有頗具藝術家風範的大臣拿來一幅畫，畫的是一隻大老虎，率領著一群小老虎，威風八面。眾文臣一齊將畫送到皇帝面前，「陛下，猜猜大老虎是誰？」

皇位戰爭開始了！

朱棣心中，比較中意的仍然是二兒子朱高煦。且不說人家幾次於亂軍中救駕，保住了他的老命，單只從性格和外表論，他也沒有理由喜歡一團大肥肉。

可問題是，朱高熾的繼承人之位，乃老皇帝朱元璋親自立下。這些年來，他身邊也聚集了一批智謀之士，其中名氣最大的，要數大學士解縉。除此之外，黨徒還包括了兵部尚書金忠、右丞耿通、尚書蹇義、大學士黃淮、諭德楊士奇、太子洗馬楊溥、司經局正字金問等人。

完全可以說，朝中智謀之士，盡為大肥肉網羅一空。

更加要命的是小孫子朱瞻基，那孩子年齡雖幼，已是智慧過人、文武雙全。一想到日後朱高煦掐住小傢伙的細脖子，慢慢將他揉搓到死的情景，朱棣就心痛如絞。

唉！畢竟都是自己的骨血哪！

要不，咱們算了，維持原狀吧？

算了怎麼成？你說算了就算了？

要知道，你可是親口答應過二兒子朱高煦，要立他為皇太子的。喲！如今說聲算了就罷了，天底下有這樣當皇帝的嗎？

眼見得父皇這廝不像話，要食言自肥，朱高煦火了，索性親自去找老頭，把話說開，「爹，啥時候立咱為太子？」

朱棣的嘴角痛苦地抽搐，「你大哥他……他……他一向孝順。」

朱高煦一聽急了，「爹，你親爹朱元璋在世的時候，建文帝朱允炆不也是一向孝順？可結果怎麼樣了？」

朱棣把視線轉投向遠方，「驛外斷橋邊，寂寞開無主……再等等，再等等看，你先別急……」

朱高煦怒氣衝衝地奔出來，找到自己在戰場上結交的戰友們，清一色統兵的武將，包括了淇國公邱福、駙馬都尉王寧等，吩咐道：「兄弟們，立即動手！事成之日，我虧待不了你們。」

邱福與王寧刷地立正，「請首長放心，保證完成任務。」然後飛奔回家，關起門來寫奏章：陛下，夫治理天下者也，論賞以功而論，漢王朱高煦勞苦功高，立為太子，實乃廣大人民群眾共同的心願。

全體武將，除了兵部尚書金忠之外，統統上表，要求立朱高煦。

怪了！金忠為什麼不上表？

實際上他也上表了，不過，奏章的內容，滿滿的都是對肥仔朱高熾的支持。他和朱高煦始終尿不到一個壺裡去。

不行，朱高熾這邊只有金忠一個人，那還是絕對的弱勢。鐵桿支持者解縉於是斜刺裡殺出，挺身力保，上奏曰：皇長子仁孝，天下歸心。

朱棣斜眼瞪他，「歸你個頭啊歸，就不能說點新鮮的？」

解縉趕緊換台詞，「陛下，你孫子不錯！」

錯字甫落，朱棣已經登地跳了起來。朱瞻基，是他最疼愛的孫子，這一擊，果然準確地命中了他的軟肋。

趁此機會，解縉繼續發動追擊，召集所有支持朱高熾的文臣，「你們大家，趕緊的，能寫的快寫，能畫的快畫！」

說話間，早有頗具藝術家風範的大臣拿過來一幅畫，上面畫的是一隻大老虎，率領著一群小老虎，威風八面地行走在天地之間。

解縉大喜，拿起筆來，題詩一首：

虎為百獸尊，誰敢觸其怒？

只有父子情，一步一回頭。

然後，眾文臣一齊將這幅畫送到皇帝面前，「陛下，猜猜這隻大老虎是誰？」

朱棣看清了畫面，登時落淚。咋整呢？這可咋整呢？他哭著問自己。我就是那隻笨老虎啊！看老子笨的，遲早也得笨死……

面對著來自朱高熾陣營的強力衝撞，朱棣陷入兩難之中，好一陣左思右想、前思後想，終於想明白了：朱高熾這個肥仔，正是典型的笑面虎，嘴上喊萬歲，心裡藏毒計。早就不動聲色地玩了回釜底抽薪，暗中搞了場不流血的政變，籠絡住所有文臣，將老爹給架空。

架空就架空吧！朱棣想，既然木已成舟，事情就這麼著也罷。

可是且慢！屁股底下正坐著的這龍椅，可是搶了侄子朱允炆的位。倘若日後兩腿一蹬，老二朱高煦鐵定會學著當年的自己，也搞一場轟轟烈烈的靖難之變。那時節，自家兒子、孫子殺得你死我活，明顯不符合老朱家的長遠利益。

第5章

為人父者的黑暗心思

天策衛，這名堂大有講究。而今，朱棣竟然封朱高煦為天策衛，莫非在暗示他效法唐太宗李世民，自己動手，將大哥朱高熾砍成一團鮮肉塊？

想想過去，朱高煦為了這個天下，出生入死，甘冒矢石，立下了多少汗馬功勞？皇帝的位子不傳給他，他豈會輕易甘休？殺一個血流成河，鬧一個玉石俱焚，在所難免。

所以啦，朱棣要想宣佈朱高熾、朱瞻基父子獲勝，那就只能——徹底的對不起寶貝疙瘩老二了。

打定主意，他用力一咬牙，「傳旨！讓漢王朱高煦鎮守雲南。」

聖旨傳到面前，朱高煦頓時樂了，哈哈大笑幾聲，一腳踹開信使，喝問道：「老子犯了什麼法？憑什麼要將老子流放到雲南去？」

信使揉著屁股，哭喪著臉回來報告。

朱棣聽聞二兒子公然抗旨，沉默半晌，只說了一句話：「老二不樂意去，那就……算了。」

朱棣選擇退讓，可朱高煦要的不止如此，堅決要求老爹履行過去的諾言。說實在的，朱棣心裡也的確不太情願將二兒子流放出去，問題是……唉呀！有辦法了！

忽然靈光一閃，想到一個好方法，當即傳旨，封二兒子朱高煦為天策衛。

天策衛？這是什麼名堂？

這個名堂，大有講究。在朱高煦之前，此頭銜只有一個人獲得過，那人乃大唐太宗李世民。

唐朝時，李淵成功入主長安，雖然以二兒子李世民功勞最大，但因此前已立了大兒子李建成為太子，為了讓二兒子心理平衡一些，也為了將一碗水端平，顯示公道，便冊封其為天策上將。

不料，這麼個搞法，反而更強化了二兒子李世民的野心，乾脆發動玄武門兵變，將大哥李建成、三弟李元吉統統宰殺。

而今，朱棣竟然封朱高煦為天策衛，此舉莫非是種暗示，要他效法唐太宗李世民，乾脆自己動手，將大哥朱高熾砍成一團鮮肉塊？

再狠的老爹，也沒有攛唆兒子們自相殘殺，以此取樂的道理。然而這個黑暗的想法，已然深植於朱棣的潛意識。

手心手背都是肉，大寶二寶都是寶，兩子爭位，足以將他逼得欲哭無淚，走投無路。他內心是多麼的希望，兩個小兔崽子能夠找到一個完美的自我解決方案，也好讓他老人家省點心。

更準確地說，朱棣真正期望的，是老大、老二中能有一方忽然蹬腿嚥氣。這的確是最爲完美的解決方案——你自個死翹翹，省得當爹的爲難。而在朱高熾與朱高煦之間，死翹翹的可能性比較大的，當屬前者。

所以，曾有一次，他對二兒子朱高煦諄諄教誨曰：「二寶，你要努力，你大哥他的身體……嗯，總之要努力學習，明白吧？」

意思就是說：二寶，你別急，你的身體比驢還強壯，而你大哥的身體比豬還肥胖，必然患有高血壓高血脂腦血栓心臟瓣膜缺損面部神經麻痹等千奇百怪的疾病。這麼多的病，不愁病不死他。二寶你就稍微地耐心一點，等老大病死，爹再立你爲太子，豈不是兩全齊美？

這想法雖然陰暗，但也眞是沒有辦法中的辦法了。只不過，他忽略了一件事：最受寵愛的二寶朱高煦，不是隻能夠隱忍的野狼。

那麼，此人的性格，更接近於什麼物種？

驢！朱高煦是頭驢，而且是頭拉著不走、打著倒退，永遠只曉得在一個圈子裡團團打轉的花尾白唇大叫驢。

朱高煦確實是頭驢。

他公然抗旨，拒不服從工作分配，不肯到雲南就任。

雖然老爹朱棣沒敢吭氣，他心裡卻是愈發的不平，以後再見到父親，總是怒氣衝衝、忿恨難消的模樣，存心讓老子難受。

朱棣果然很不舒服，又想了個法子，「二寶，你不樂意去雲南，要不去青州如何？」

朱高煦搖頭，「不去。」

「雲南不去，青州也不去，那你想幹啥？」

「我就想讓你履行諾言，這不難爲你吧？」

「不難爲才怪……」

幾句話說下來，去青州的事情，當然也不算數了。

第 6 章

城管是頭大野驢

悲憤之下，朱高煦募集了三千死士，打算像李世民那樣發動宮廷政變，宰掉大哥。三千人是跑來了，臨到食堂開飯，卻發現飯鍋裡空空如也——沒錢。

從父親那裡回來，朱高煦越想越氣，這叫什麼世道？一個患有各種疾病的肥仔，坐在太子的寶座上死活不挪窩，而自己如此的英姿颯爽，卻只能淪爲權力的殘羹。蒼天啊，你怎麼不說睜開眼睛看看？

悲憤之下，他募集了三千死士。

可以確信，他募集這些人，就是打算像李世民那樣發動宮廷政變，宰掉大哥，砍死老爹。

可他終究無法與雄才大略的唐太宗相比，三千死士是跑來了，臨到食堂開飯，卻發現飯鍋裡空空如也——沒錢，連死士都養不起。

沒飯吃，問題很大，但難不住朱高煦，當下面不改色地吩咐道：「你們要自己想主意、想辦法。八仙過海，各顯神通，借雞生蛋，借船出海，文藝搭台，經濟唱戲，不等不靠，自謀生路……總之一句話，薪資伙食，統統自理。」

伙食自理？

自理就自理，三千死士，果然是腦子靈光，學習了朱高煦的講話精神之後，一個個心明眼亮，明白了鬥爭的大方向，聚衆呼嘯一聲，衝入百姓家中，搶過飯碗就吃，按倒女人就幸御，總之是民擁軍、軍睡民，軍民一家魚水深。

卻說這天子腳下，本就有著一支司法力量，這支力量的領導人名叫徐野驢，官任兵馬指揮使。這一時，他正在家中吃草，忽聞附近有大股土匪出沒，搶男霸女，肆意爲惡，當下不敢怠慢，立刻上驢，率衙役捕快兵丁出馬，追得朱高煦的死士們滿世界亂跑。

衆死士滿腹委屈，就去找老大告狀，「報告首長！我們學習了您的講話精神，正在不等不靠，自謀職業的時候，突然遭遇到一群城管，打頭的是隻野驢，不由分說就掀了攤子……」

什麼什麼？城管是頭野驢？

朱高煦聽得咯咯直樂，「人們都說我是驢，拉著不走，打著倒退，不曾想這裡又冒出一頭驢。老話說得好，一圈可臥兩豬，一槽不容二驢，拿我的霸天奪地鏤金嵌玉金柄雕花鐵瓜錘來，待我出去會會他！」

提了鐵瓜出來，果然見到徐野驢正氣勢洶洶地追趕其餘死士，朱高煦於是笑嘻嘻地走過去，「野驢兄，過來過來，讓我試試你的驢頭有多硬。」說完直接一鐵瓜砸下，啪唧！好端端的腦袋，霎時碎裂成一灘莫可名狀之物。

事發之後，大肥仔朱高熾暗中埋伏的眼線立馬飛奔回宮，「最新消息！最新消息！兩驢相爭，鐵瓜相碰，一驢丟命，一驢發瘋……」

徐野驢事件，打開了朱高煦橫行不法的黑盒子，數十樁嚇人的罪狀同時被扒出來。復活的錦衣衛星夜行動，將之逮住，囚禁於西華門內，等待處置。

朱棣很慎重，爲此召開了隆重的御前會議，並且在會議上沉痛地表示，「對於年輕一代，我例來希望的，無非就是你們能有更高的追求，更遠大的理想，更努力的學習，更要具備社會責任感。唯有如此，才能順利肩負起未來的使命。要警惕糖衣炮彈，要端正自身的人生態度，再來就是堅決不移地反對普世價値觀。唉！朕以爲，二寶朱高煦這麼個搞法，分明是缺乏深思熟慮的，也是有待商榷的，我們一定要嚴厲地批評，認眞教育。爲了督促他加深對錯誤的認識，先開除皇籍，廢爲庶人，如何？」

「我反對！」

隨著話音落下，就見一團好大的肥肉蠕動出來，正是國家法定的繼承人，大寶朱高熾同志。

只聽他慷慨激昂地道：「父皇，我二弟他年輕，禁受不住誘惑，偶爾犯下點人生的小錯誤，實屬在所難免。年輕人犯錯誤，連上帝都會原諒的。父皇，咱們這次就原諒他吧，如何？」

「如何……」眼望著大兒子裝腔做勢，公然打出仁義牌，朱棣只覺得腦門裡有一股火嗖嗖亂竄。混蛋大寶，明明知道二寶這件事必須要有懲罰，偏偏故意反過來說，是誰教給他的？

憤怒的目光投過去，落定在朱高熾身後那人身上。

大學士解縉，你完蛋了！

第7章

給太子黨好看

有一天，朱棣突然索要天牢中的囚犯名冊，一個個地看過來，猛地驚呼道：「我靠！解縉還活著嗎？」這話，是刻意說給錦衣衛指揮使紀綱聽的。

二寶朱高煦打死徐野驢，按律法被流放到樂安州閉門思過。這不僅是他個人的失敗，也意味著朱棣本人的失敗。悻悻然之下，朱棣選擇將滿肚子的怨氣，劈頭蓋腦地全砸向大學士解縉。

解縉，歷史上有名的大才子，但他的才氣，在權力面前根本不堪一擊。朱棣琢磨著，一定要用各種辦法羞辱此人，令其難堪到一頭撞死。

皇帝的發洩行動開始了！

首先，無緣無故突然傳旨，賜給重臣們二品紗羅衣，偏偏就沒有解縉的份。然後隨便找個理由，出其不意地將他流放到化州，讓他當一名計帳的小會計。

又過了一段時間，可憐的解縉正蹲在小黑屋子裡劈哩啪啦地打算盤，忽聽屋頂上嗖嗖響過，數十名錦衣衛高來高去，飛簷走壁，將他如捉小雞一般捉走，關押到大牢裡去。

儘管身在大牢，解縉仍然堅持鬥爭——他非鬥不可，只要鬥到朱高熾贏，那就全都扳回來了。

可是，朱棣會看不透這點心思？又怎麼會給他這個機會？

有一天，朱棣突然索要天牢中的囚犯名冊，一個個地看過來，猛地驚呼道：「我靠！解縉還活著嗎？」

這話，是刻意說給錦衣衛指揮使紀綱聽的。對方聽了之後，隨即陷入深度思考狀態：老闆這樣說，到底是啥意思？想宰了解縉，可他幹嘛不明講？想放了解縉，恢復原職？好像也不對。如果我悄悄弄死那傢伙，偏偏上頭是想重用他，又或是我留著他，偏偏上頭想弄死他……

眼下這種差事，就屬於典型的「不完全資訊下的決策」，紀綱必須精確地分析現況，猜出頂頭上司的眞正心意，並找到完美的解決方案。不愧爲錦衣衛的頭領，思考半晌，他果然有了結論與計策。

備了豐盛的酒菜，他來到天牢，「老解在嗎？沒出去……對了，你現在出不去了。來來來！咱們哥倆喝一杯。喝喝喝！你不喝就是瞧不起我……」不由分說，喝酒猜拳，將解縉灌得酩酊大醉。

然後，紀綱把人拖出牢房，剝了衣服，埋在雪地裡。不長時間，不世大才子的身體漸漸轉爲青紫，已遭活活凍死。

很快就善後完畢，紀綱笑嘻嘻地回來向朱棣報告，「解縉因爲不耐牢中陰寒，昨夜死了。」

一個棘手的問題，漂亮解決。

搞死了解縉，朱棣乘勝追擊，再接再厲，再創新功，瞄準了東宮尙書蹇義、大學士楊溥、逾德楊士奇、太子洗馬楊溥、司經局正字金問等人，該抓的抓，該殺的殺，該流放的流放，務求狠狠地打擊太子黨的囂張氣焰，絕不姑息這夥犯罪分子。

下一個要對付的人，名叫金鐘。

金鐘何許人也？

這廝的來頭端的不小，乃朱棣最好的朋友、最有智慧的老師——僧人道衍親自培養出來的，實際上就是爲下屆皇帝所貯備的優秀人才。精擅卜筮之術，占無不驗，算無不準，實乃怪胎一枚。

朱棣把他叫來，問：「太子黨最近又在搞什麼陰謀？」

「沒有搞陰謀。以前不曾搞過，以後也不會搞。」

「老金啊，你可是老幹部了，在大是大非的問題上，一定要站穩立場，千萬不能犯下路線錯誤。現在可以說了吧？」

「我還是那句話，太子的人品，就像他身上的肥肉一樣，厚德載物啊！陛下你想，太子都胖成那德性了，哪還有心情搞陰謀詭計？」

「好你個金鐘，竟然如此的執迷不悟，推出去斬了！」

「煩請陛下把我全家一塊殺掉，我願拿一家老小的腦殼，擔保太子無罪。」

「你他媽……你說實話，是不是早已經算過卦，知道了最終的結果？」

「陛下，你猜。」

「我猜……我……」朱棣頹然坐倒，「好！好！好！東宮的屬宮，目前還沒有宰掉的，全都放回來，恢復原職吧！算你們狠，老子玩不過！」

第8章

京師大反叛

三寶朱高燧趁父皇自我流放的機會，找到一夥人一起喝酒，邊喝邊琢磨，「寂寞啊寂寞，像在沙漠上一樣的寂寞。咱們幹點啥吧？能青史留名的那種。」

發現太子朱高熾已經掌握了隱權力，自己在朝中勢單力孤，連個支持者都找不到，朱棣極是絕望，乾脆把自己流放到塞外，天天去找韃靼人死磕，以消解心裡的鬱悶。

可是人家韃靼人也不傻，才不會在這種時候跟你較勁，聞說大明皇帝找來鬧事，早已跑得影子連都找不到。

正當朱棣氣悶欲絕時，忽見遠處出現一匹快馬，如飛而來，「陛下不好了，京中出現了反動集團，正在陰謀串聯，要搞什麼五七一暴亂。」

有這種事？他驚呆了。

更讓他驚訝的是，新暴露出來的反動集團，其頭子乃三寶朱高燧。

話說三寶朱高燧，為人機警聰明，又與二寶朱高煦相善，全心全意地擁戴二哥。不想朱高煦因為錘殺徐野驢，被流放到樂安，政治勢力因此冰消瓦解。他看得氣憤，抱打不平的俠義心腸頓生，決定不畏強暴，不畏艱險，堅決打掉以親爹朱棣為首的黑社會勢力，替二寶討回公道。

所謂的公道，要怎麼個討法？

據調查，事情是這個樣子的：三寶朱高燧趁著父皇自我流放的機會，找到了常山護衛指揮孟賢、負責氣象預報的欽天監官王射成、大內工作人員楊慶的乾兒子，還有一個叫高以正的兄弟。

一夥人和他坐在一起喝酒，一邊喝一邊琢磨，「寂寞啊寂寞，像在沙漠上一樣的寂寞。咱們幹點啥吧？能青史留名的那種事。可得幹什麼事，才能夠青史留名？」

「要不這麼著，先弄點毒藥，給成祖朱棣灌下去。然後呢，集結親兵衛隊，佔領皇宮，將大肥肉朱高熾砸扁，讓三寶朱高燧登基當皇帝。」

「這事比較靠譜，幹啦！」

大家商議妥當，又狂喝一通，然後分頭回家睡覺。

共同謀事的人中，有個叫高以正的，他的情緒相當的興奮，回家的路上，恰好遇到大舅哥總旗王瑜。

「又去哪兒喝了？弄成這麼個德性。」

「沒去哪兒，就是三寶朱高燧請客，人家那個熱情，不喝不好意思。」

「請你們喝酒，有啥事啊？」

「也沒啥事，就是準備弄點毒藥，給皇上灌下去，然後佔領皇宮，再就是打掉肥仔朱高熾反動集團……總之，都是小事。」

「就這麼點小事，也值得喝成這個樣子？」說完，王瑜已如飛一般跳上馬，狂奔著去找皇帝，「報告不好了！京師出了反動集團……」

朱棣聞知此事，怒不可遏，當即命令三軍出動，蜂擁入門，將三寶朱高燧飯局上的人一股腦地全按在床榻上，統統逮起來。

庭審開始，他親自擔綱法官，先把三寶拉上來，問道：「三寶，你說這件事是不是你幹的？」

「啥事？」朱高燧酒尚未醒，懵懂不明所以。

這時候，肥仔朱高熾又蠕動出來，「啓奏父王，我琢磨著事情不大對頭，三寶平時爲人多好啊，心地善良，扶老攜幼，怎麼可能幹出這種事來？這事一定不是他幹的。」

朱棣惱了，「不是他，還能是誰？」

肥仔不慌不忙，大肥手一攤，「明擺著的，這件事是三寶手下一些人，爲了邀功求賞，不惜秘密謀逆，瞞著他對朝廷、對人民犯下了不可饒恕的罪行。因此我建議，凡參與謀逆者，按律誅族，全家殺光光。至於三寶，一定要嚴格地批評教育，下不爲例。」

聽罷朱高熾的建議，朱棣只覺眼前一片漆黑。

完了！全完了！大寶的建議，竟然跟自己的想法一模一樣。他肯定比任何人都清楚，父親是無論如何也狠不下心殺掉小兒子，所以故意設此圈計，明擺著等判決完了，天下人將齊讚太子仁厚英明。

太子仁厚英明了，皇上要往哪兒擺？

想來想去，只能長歎，「算你狠！老子離家出走，不跟你生這氣。」於是再次統兵北征，途中過於鬱悶，乾脆死在了外邊。

聞知父親死去，朱高熾大喜，馬上前往後宮幸御美女若干名。可憐那些弱女子，何曾想過世上原來有如此肥胖之人，一個個被幸御得面目全非，放聲痛哭。

後宮美女們的悲泣聲中，朱高熾隆重登基，是爲大明帝國第四任皇帝。短暫的仁德治政，就此開展。

第9章

巧判婚姻爭議

團長張忠一次出差，邂逅一位美貌女子，迅速地結成了一家。不想一日接到衙門的傳票，原來有人告發他強娶民女。人家自己答應的，怎麼能說是強娶？

史評，朱高熾者，史上罕見且難得的仁德之君。

另一樁事，同樣是史有定評的：朱高熾對親爹朱棣沒有感情，所以在守孝期間，照樣不辭勞苦地幸御後宮美女。

這完全可以理解，也是人性化的表現，可廣大民眾未必能夠接受。

有鑑於此，朱高熾爲了省心，便將太子朱瞻基轟到了南京，自己騰出肥手來，全心全意地爲國家爲民衆做點實事。

做什麼實事呢？

大抵就是減稅賦、平冤獄、興仁政、御美女……總之，一切都不耽誤。

爲前朝冤臣齊泰、黃子澄平反，爲大儒方孝孺平反，爲冤死的解縉平反——尤其是這件事，擺明了他壓根就不想認親爹朱棣這個槌子。

正忙亂之際，忽然發生一件饒有趣味的小插曲。

有個靈山衛指揮，大概算是團級幹部吧，名叫張忠。一次出差，路過眞定府，途中邂逅一位美貌女子，四目相望，頓覺觸電，兩人竟都有一種彷彿前世相識的微妙感。一個是非卿不嫁，一個是非卿不娶，自然迅速地綻開了美麗的愛之花，結成了一家。

張團長這邊開始大辦喜事，不想一日竟然接到衙門的傳票，原來有人告發他強娶民女。

明明是人家女孩子自己答應的，怎麼能說是強娶？

就是強娶！

原來那女孩早已許配給了別人，可當張忠登門求婚，女方家長一看，這位軍官不錯，年輕，有社會地位，又有錢，自己生養的寶貝女兒，當然還是嫁這樣的人家好，便偷偷地悔了舊婚約。

算盤打得美，問題是原本那戶人家肯甘休嗎？當然不肯，於是衝上衙門擊鼓，「冤枉啊！沒過門的老婆被一個當兵的給搶走了！」

事情鬧大了，各級官員紛紛趕來，討論案子應該如何處理。

有的領導認爲女孩子應該歸張忠，自由戀愛嘛，沒理由拆散人家。有的領導認爲這種搞法不妥當，戀愛再自由，也不能夠把人家已經訂好的女人戀走吧？總之是衆說紛紜，議論紛紛，各執一辭，爭執不下。

沒辦法，如此高難度的案件，非得明君朱高熾親審不可。

大肥仔興奮不已，親自登堂審案，「全體起立！這個事，我已經瞭解了，案件中所涉及到的女孩子，她很美貌是不是？她深情地愛著張忠張團長是不是？那就好辦了，判決張團長和她的婚姻無效，立即解除。還有還有，讓那女孩捲起被窩，馬上跟著告狀的那家回去。」

所有人都愣了，爲啥要這麼個判法？

「因爲……」朱高熾嚴肅地解釋，「因爲收了人家的聘禮，本就等同於建立了事實上的婚姻關係。現在，妳說妳遇到了眞正愛的人，奇怪，妳怎麼就不說去愛一個乞丐？噢，碰到有錢的張團長，才有愛情，碰到沒錢的乞丐，愛情就沒有，哪裡可能這麼巧勁？朕不是反對她愛張團長、愛誰誰誰，朕只是提醒你們，世界上沒有無緣無故的愛，也沒有無緣無故的恨。假若世界上的每個女孩，都像她這樣打著愛情的旗號，大搞嫌貧愛富，視神聖的婚約爲兒戲，舊約未解就和新男友入洞房，社會的根基，還會存在嗎？人生的契約，還會作數嗎？所以啦，不唯是她要背著包袱回第一任丈夫家，她的父親、母親，統統要交付有司問罪——什麼罪名呢？撕毀契約，不按合同辦事，沒冤枉人吧？還有還有，還有那個張團長，立刻查清楚了，他在向女方家裡求婚的時候，是否清楚人家早已經有了婚約？若不知道，不知者無罪，批評一下，讓他以後多加注意。如果曉得了還這麼做，那就不好意思啦，一起負連帶責任。」

群臣聽了，不由用力鼓掌，連聲說：「判得太妙啦！撕毀契約，違反合同法，這個法律條文的引用，眞是太精確了。」

肥仔淡然一笑，「既然各位沒有不同意見，就此散會。噢！楊士奇，還有蹇義，你們留下，朕有點私事跟兩位商量。」

話說那楊士奇和蹇義，都是仁宗朱高熾的死黨，以前還有一個耿通，因爲保護大肥仔，奮勇大戰朱棣，遭到了千刀萬剮。存活下來的這兩位，多半有點僥倖。總而言之，肥仔朱高熾能夠坐到皇帝的寶座上，很大程度是兄弟們不避生死爭取來的，因此，對於這幾人，他是極度的信任。

第10章

君臣決死金鑾殿

武士們蜂擁而上，輪起大錘頭，照著李時勉的腦殼哐哐亂砸。霎時，金殿上亂成一團。正亂之際，忽聽有人一聲驚呼：「不好了！陛下他……」

將楊士奇和蹇義留下，朱高熾道：「你們倆，知道我最近在研究些什麼嗎？」

二人對視一眼，「聽說陛下在研究占星術。」

朱高熾一翻白眼，「拜託！占星是西方原始人的叫法，確切地說，朕是在研究星相。老實跟你們說了吧，昨天晚上，我讓人用筐把我給吊到屋頂上，夜觀天相，結果……看到了一件非常可怕的事。」

「什麼事？」

「有客星夜犯主星，氣勢洶洶，來者不善。拳打腳踢，重力毆擊之下，我的主星一如風中燭火，搖搖欲墜，眼看就要完蛋。」

楊士奇和蹇義大駭，「陛下，你是不是看錯了？」

朱高熾已是泫然淚下，「不會有錯，我看得清清楚楚，絕不會錯。總之，朕是眞的要完蛋了。你們兩個，過往爲了朕，付出了不知多少慘烈的代價，好不容易能夠稍微回報一點點，卻想不到……記住，我死後，你們千萬要保持自己的磊落風骨和正直人品，儘管這樣做難免要受到小人的羞辱，可唯有如此，才能免去眞正的災厄，青史留名。聽清楚了沒有？」

兩人聽得心驚膽裂，躡手躡腳走出來，開始琢磨，客星夜犯主星，居然還帶拳打腳踢，大力毆擊，究竟是什麼怪星星？

莫非，有刺客欲犯聖主？

思及此，急忙叫來宮中侍衛長，命他帶一群金瓜武士，一定要保護好皇帝。正吩咐著呢，就見大臣李時勉笑瞇瞇地走了進來，同幾人打了聲招呼，「忙著呢？你們忙，你們忙，我過去找皇帝說點事兒。」

於是見聖駕，奉上奏章，「啓奏萬歲，臣有奏本。」

朱高熾和藹地問：「愛卿要奏誰？」

李時勉回答：「不好意思，陛下，臣要奏的就是你。你身爲皇帝，犯下了兩樁不可饒恕的罪過。頭一樁：替父親朱棣守孝期間，還天天幸御宮中美女，壓得那些女人嗷嗷慘叫，聲傳百里，盡人皆知。第二樁，將太子朱瞻基攆到南京，這是什麼意思？可是在暗中打擊太子黨的合法勢力？這樣做是嚴重錯誤的，必須立刻改正。」

「什麼什麼……你說什麼？」彷彿當頭挨了一記悶棍，可憐的肥仔登時傻在當場。

單說起替朱棣守孝期間幸御美女的事，這實際上是肥仔的一種報復。不怪他，想想看，朱棣這個死混蛋，和二寶、三寶聯手，整整花了二十年的時間想整掉大兒子！天底下有這樣當爹的嗎？如果不是肥仔擁有一大肚皮的智慧，早就化灰成塵了，內心深處，怎能不恨之入骨？

不知有多少個夜晚，恐懼的肥仔躲在被窩裡默默哭泣。不知有多少個黎明，大肥肉從他那被人拆碎骨頭的惡夢中驚醒。朱棣帶給他的，只有銘刻入心的仇恨。肥仔是人，當然有人的願望、人的情感，面對不平等待遇，必然要以某種方式展開自己的報復。如今，想到正在九泉之下的老爹，只能鬱悶地聽著後宮女人的嗷嗷怪叫，被恐懼籠罩已久的心，該是多麼的輕鬆又爽快？

這種事，做是必須要做的，其實也真的不難理解，偏偏不能夠被戳破。一旦有人公開說出來，難免會引來更多好事者，轟轟烈烈地鬧將起來，非要肥仔愛他那不是東西的親爹不可。

瞧！朱高熾急壞了，「李時勉，你瞎說什麼？哪有這種事？」

李時勉瞪圓了兩隻眼睛，「陛下，你欺人可以，可欺天乎？」

「欺……欺你老母！」肥仔氣得渾身顫抖，此時再也不想當仁君了，難道我是個仁君，就由得人欺負不成？悲憤之下，大叫道：「金瓜武士何在？與朕狠狠地捶這個造謠撒謊的傢伙……打！打！往死裡打！」

武士們蜂擁而上，輪起大鍾頭，照著李時勉的腦殼哐哐亂砸，砸得他發出響亮的慘嚎。霎時，金殿上亂成一團。

正亂之際，忽聽有人一聲驚呼：「不好了！陛下他……」

眾人轉目一瞧，登時駭極，竟見朱高熾一隻手指著李時勉，肥膩的身材慢慢栽倒，「朕……是李時勉活活氣……氣死的……」

說完人生中的最後一句話，肥仔不服不忿地嚥下氣，就此退場。

群臣大駭，蜂擁而來，先將奄奄一息的惹禍精李時勉拖到天牢裡，吩咐牢頭立即想辦法弄死，然後圍個圈子坐下來開會，要給朱高熾弄個諡號。

什麼諡號合適？

仁就一個字。

仁宗？可他在為父守孝期間，不停地幸御美女，如何解釋？

哎呀！這還不簡單？仁者，愛人，既然要愛人，當然也愛女人，幸御就是必須的嘛！

事實上，仁，說的不是肥仔朱高熾的私德，而是他在為政期間對民眾的態度。

此人自登基以來，對老百姓向來是愛護有加，不過短短兩年，史書上留下最多的記錄，是他不停地減免稅賦。不知有多少窮苦人家，受惠於他的恩德。

古人有句話，叫伴君如伴虎，放在肥仔朱高熾這裡，卻是失準的。他從不計較臣子的冒犯，只要你的建議於國於民有益，他就會欣賞你、鼓勵你。只有在李時勉這件事上，他動了難得的感情，結果竟給活活氣死。

綜上所述，評判他在歷史上的表現，絕對不負一個仁字。

卷四

匆匆而來，匆匆而去

朱瞻基的簡歷，充滿了難以解釋的疑謎。
最醒目的，莫過於他才三十啷噹歲就撒手西歸，
莫要說養尊處優的皇帝，
就算是個平民百姓，也未免猴急了點。

第1章

誰在搞飛機？

姓王的錦衣衛轉過身，向天牢大獄奔去。不長時間，到達指定地點，向看守詢問：「我是奉皇上之命來的，李時勉在哪個房間？去告訴他，有客人來了。」

肥仔朱高熾被活活氣死，大明帝國的第五任皇帝朱高瞻，飛也似地趕來接班。

登基之日，詢問群臣，「咱爹是咋死的？」

衆臣齊道：「被李時勉那廝活活氣死的。」

「那李時勉爲啥要氣死咱爹？」

「這個……可能是老李閑極無聊……」

「他閑極無聊，也不能氣死我親爹啊！」朱瞻基怒不可遏，「那李時勉現在何處？」

「那廝正被關押在天牢裡……原本是……誰知道……總之……嗯……」

「你們的意思是，他還活著？」

大臣們都不敢吭聲，新任皇帝氣壞了，當即一招手，叫來一個錦衣衛指揮使，

「過來！你姓什麼？」

那人響亮地回答，「姓王。」

「就叫你小王吧！」朱瞻基從旁邊拿來一把寶劍，「聽好了，這就是我現在賜給你的尚方寶劍。你馬上拿著這柄劍，趕去天牢，回來的時候，給我把李時勉的腦袋帶上，聽明白了沒有？」

「請首長放心，保證完成任務。」

姓王的錦衣衛轉過身，運起輕功，凌波微步，八步趕蟾，疾掠如飛，向著天牢大獄奔去。不長時間，到達指定地點，收起輕功，向看守詢問：「喂！我是奉皇上之命來的，那李時勉在哪個房間？去告訴他，有客人來了。」

對方笑道：「不好意思，你來晚了，李時勉不在。」

「不在？」饒是小王久在皇帝身邊，一輩子見慣了怪事，聽到這個回答，還是感覺頭暈目眩，「不在是什麼意思？他不是正囚在裡頭嗎？難道你們天牢裡的囚犯，經常出去旅遊觀光？」

「不是這麼回事，是你來晚了一步。那李時勉，大家都知道他活活氣死了老皇帝，所以呢，新皇帝一登基，這邊就把他押送到過去了。讓新皇帝親手宰了他，豈不快哉？」

「快哉你個頭！」小王悻悻然地掉頭，飛一般往來路趕，一口氣跑回宮中，正見新皇朱瞻基當院散步，轉目四周，尋不著任何死囚的影子。

莫非那傢伙還沒有押來？小王心中困惑，於是問站在旁邊的一名大臣，「喂！兄弟，有沒有看到那個李時勉？」

那大臣扭過頭來，「我就是。找我有事？」

「你……我……」小王都快要昏過去了，「你不是死囚犯嗎？」

李時勉火了，破口大罵，「你才是死囚犯！你們一家都是死囚犯！」

到底是怎麼一回事啊？可憐的王姓錦衣衛，徹底陷入了五里迷霧中。

不怪錦衣衛犯暈，眼下這樁事，其變化之詭異、之離奇，出乎所有人的預料。

而這樁事，也恰到好處地勾勒出了新一代帝王朱瞻基的思維特點。

其為人也，究竟有何特點？

第2章

充滿蹊蹺的帝王

朱瞻基的簡歷，充滿了難以解釋的疑謎。最醒目的，莫過於他才三十啷噹歲就撒手西歸，莫要說養尊處優的皇帝，就算是個平民百姓，也未免猴急了點。

想瞭解大明帝國第五任皇帝朱瞻基，先讓我們看看他的個人求職簡歷：

- 姓名：朱瞻基
- 出生：一三九九年三月十六日
- 出生地：北京
- 生肖：兔
- 血型：A型
- 身高：一百七十六公分
- 體重：五十九公斤
- 相貌特徵：英挺瀟灑，下巴大，有乃祖之風
- 特長：謀略與智計，也為著名畫家、書法家與詩人。
- 社會關係：

父親：仁宗朱高熾

母親：張氏

妻子：胡氏

有兒子四人

十二歲：因爲深受成祖朱棣的寵愛，被立爲皇太孫。

十五歲：陪同永樂皇帝朱棣參加第二次遠征蒙古戰役，表現勇敢，榮立二等功。

十六歲：成功策劃「朱高煦反動集團」大案，沉重地打擊朱高煦集團的囂張氣焰。

二十三歲：成功策劃了「朱高燧反動集團」大案，將父親朱高熾的最後政治對手徹底打倒，永世未能翻身。

二十五歲：父親朱高熾登基爲帝，立其爲皇太子。

二十六歲：接替父親的職位，當選爲大明帝第五屆皇帝。

二十七歲：親統皇家軍隊，遠征樂安，一舉殲滅以叔父朱高煦爲首的反皇帝集團。同年，下令儒生士子入宮，教導太監讀書識字，爲宦官的全面掌握朝政做準備。

二十八歲：安南戰役爆發，中國遠征軍被擊潰，死者逾七萬，從此失去對安南的軍事控制。

三十一歲：反動集團首腦朱高煦死不悔改，朱瞻基以銅缸扣上，加炭火慢烤，須臾熟透，香氣四溢。

三十二歲：大太監鄭和七下南洋。

三十六歲：卒。

朱瞻基的個人簡歷，端的充滿了難以解釋的疑謎。最醒目的，莫過於他才三十六歲——又或是三十七歲，另有人認爲是三十八歲——就辭別了人世。幹嘛急成這樣？才三十啷噹歲就急不可耐的撒手西歸，莫要說養尊處優的皇帝，就算是個平民百姓，也未免猴急了點。

何以死得如此之早？

簡單說來就一句話，怪他太聰明了。打小便用腦過度，體力與生命透支得過於厲害，自然要謝幕得早一些。

實際情況是，他早在幼年時期就捲入了錯綜複雜的政治鬥爭之中，並擔任起朱高熾、朱瞻基這對父子組合的主帥。正是這個孩子，居於幕後，隱忍不發，暗中操縱，先後翦除了朱高煦、朱高燧兩股勢力強大的人馬，成功扶持大肥仔父親登上皇位。

第一次出手，在他十六歲時。

那一年，朱高煦第二次抗旨，拒不服從分配，不肯赴青州就任，堅持要留在京師，以逼迫成祖朱棣履行諾言。這不讓人意外，但接下來發生的事情，實在令人瞠目結舌——朱高煦竟然與兵馬指揮使徐野驢發生激烈衝突，並一金瓜將其腦殼砸得稀爛。事後被放逐樂安，太子之夢由此徹底粉碎。

據史家查驗，此次事件，竟然是十六歲少年朱瞻基的傑作。這小東西早已把自家叔叔的性格、爲人研究得透徹，故意唆使徐野驢出面，使雙方發生衝突，從而激發朱高煦的暴戾情緒，一金瓜下去，從此出場。

朱瞻基的第二次出手，在二十三歲時。

他的智慧更加成熟了，心思也更縝密了，故選擇以傻頭傻腦的三叔爲目標，暗中收買其手下，唆使那夥蠢人腦子犯混，商議毒殺朱棣之事。由此坐實了朱高燧不忠的罪名，朱高燧也只能不明不白地被清洗掉。

除了以上兩樁政治陰謀，年輕的朱瞻基還每天惕勵自己習武，以取悅爺爺朱棣；強迫自己日日讀書，以取悅父親朱高熾；警示自己的內心，避免流露出邪惡的本性，以取悅臣屬和民衆。

發現了嗎？這可憐的倒楣蛋，活了三十多年，竟然沒有一天是為自己而活，就連爬上龍床幸御美貌嬪妃，都肩負著將皇家血統延續下去的神聖使命。

他活得可真叫累啊！

不要說日後努力恪求自己，滿足所有人的願望，單只是打掉朱高煦、朱高燧這兩個敵對勢力團夥，那要消耗多少腦細胞？用掉多少心智能量？十六歲之前，他做的那些事情，恐怕就已經超過了世上絕大多數人一輩子做的事，再豐沛的生命能量，也扛不住如此消耗，如何能不早逝？

更何況，他所經歷的事，一樁樁、一件件，莫不是稀奇古怪，浸透著人性的晦澀與複雜。

比如，登基後首先碰上李時勉怪案……

第3章

顧頭不顧腚的粗魯文人

李時勉從天牢裡向皇宮出發，朱瞻基正好命令姓王的錦衣衛提李時勉的人頭來見。兩夥人馬相對而行，應該撞個臉對臉，可偏偏沒有。為什麼呢？

卻說李時勉那人，眞是古怪精靈。作爲永樂年間中舉的進士，明明是個文人，卻天生有個火爆脾氣。朝中文官跟他對脾氣的沒幾人，反倒是聲名狼藉的錦衣衛，對他俱各欽服。估計是做事顧頭不顧腚的風格，頗有粗人之風，因而得到錦衣衛們的一致好評。

因爲上書反對朱高熾於喪期行房事，他惹火仁君朱高熾，險些沒被金瓜武士活活打死。雖然沒死，卻也不能算是一個活人了，遂被拖入天牢。

朱高熾的想法是，讓這傢伙在暗無天日的地方，以最痛苦的方式死去，不曾想先死掉的是肥仔自己。而李時勉呢，躺在冰冷的牢房中，正自發出痛楚的呻吟，忽然出現幾個錦衣衛，上前替他上藥療傷。這些人平日就佩服他，實在不忍心看他死去，特地趕來救助。見傷勢實在太過嚴重，甚至還不辭辛苦地到處尋找名醫偏方。正所謂皇天不負有心人，終於讓他們找來一帖偏方，一用之下，立竿見影，李時勉迅速地恢復了健康。

也在治病的當口，太子朱瞻基已經趕到北京。

臣子們強烈要求他登基繼位，他按照儒家禮儀的要求，表示堅決拒絕，群臣也按照儒家禮儀的要求，繼續上書要求，再拒絕、再上書、再拒絕……雙方一如拉鋸，整整鏖戰了十回合。

短短十天之內，衆臣十次上書，要求太子登基，朱瞻基則給予十次大義凜然的回絕。等到第十一天，要求與拒絕的次數，已是遠遠地超過了儒家禮儀的要求，再說大家也玩得膩了，朱瞻基總算就在群臣的擁戴之下，大步登上龍椅，是爲宣德帝，史稱宣宗。

這裡有一個微妙的時間差，朱瞻基進行十次拒絕的同時，李時勉正在天牢裡接受錦衣衛們的療傷。待到新皇帝終於閃亮登基，他的傷勢也差不多全好了，幾個錦衣衛趕緊把他帶出天牢，去找新老闆說理。

當一行人從天牢裡向皇宮出發，朱瞻基正好將尙方寶劍賜給那名姓王的錦衣衛，讓他提李時勉的人頭來見。兩夥人馬於北京的長安街上相對而行，按理來說，應該撞個臉對臉，可偏偏沒有。

爲什麼呢？因爲他們走的路不同。

事實上，「小王」跟牢裡那幾個錦衣衛根本就是一夥的，雙方自會在檯面下互通消息。李時勉走的是一條近路，平安回到宮中，恰好與新老闆撞了個臉對臉。

朱瞻基一聽來人就是仇家，登時怒不可遏地衝過來，「你爲什麼要活活氣死我爹？」

「陛下你先放手！差矣，陛下你差矣……」

「如何一個差矣法？」

「看來陛下你是眞的生氣了，那我就實話實說吧！你爹生我的氣，主要是因爲我反對把你流放到南京去，反對他打擊太子黨。那麼一個搞法，不利於安定團結啊！」

朱瞻基吃了一驚，「居然有這事！你說的是眞是假？」

「騙你不是人。」

「有證據沒有？你的奏章呢？拿過來給我看看。」

「奏章已經燒掉了。咱們大明朝的法律規定了，舉凡有事上奏，事情說清楚後，奏章立即燒毀，以防止大臣因此居功。」

「連個證據都沒有，這讓我如何相信你？」

「陛下，你動腦子想啊！你說，除了這件事，還能有什麼事情，能夠讓你爹恨我恨到這種程度？」

「嗯，有道理，有道理，你不是奸惡之徒，而是一個難得的忠臣。來人啊！取李愛卿的官服頂戴來，給李愛卿穿戴上。」

不過眨眼工夫，李時勉已然官復原職。莫怪乎王姓錦衣衛匆匆自天牢返回，第一眼就看到曾經的死囚衣冠楚楚地立在朱瞻基身邊，搖身一變，成了新老闆最爲倚重的臣子。

解決了李時勉這樁事，朱瞻基坐到龍椅上，打開各地官員及藩王上奏的奏章。第一封奏章就是他的二叔漢王朱高煦發來的，嚴厲譴責了他治國的幾樁錯誤，要命的是，還說得頭頭是道，全都在理。

動怒嗎？不，他笑瞇瞇地把奏章拿給臣屬們看，吩咐道：「傳旨，朝廷政務上有錯，以後就照漢王的建議改過來。」

一場奪權風暴，已在醞釀之中。

第4章

歷史發展的真正動力

太監們不讀書，不認得字，雖有樸素的無產階級感情，兩腿之間終是缺少了一嘟嚕肉，連帶著也降低了他們的參政議政能力。怎麼解決這個問題呢？

漢王朱高煦，他一直在等待某個時刻，好重演朱棣時代的靖難之役。

靖難之役當時，恰恰是侄皇叔王，年輕稚嫩的朱允炆爲建文帝，而經驗豐富的朱棣不過是個藩王。居於北平這彈丸之地，擁兵之衆不過萬人，起兵之後，又數次面臨朝廷數十萬大軍的圍剿。

然而主導這場戰役的，始終是朱棣的雄才大略與堅毅精神，再加上某些風雲莫測變幻無常的神秘因素，歷經九死一生，區區藩王最終竟然不可思議地攻到了南京城下，建文帝徒擁天下之兵而不能用。此前的輝煌歷史，大抵如此。

朱高煦親身參與了這場戰役，無數次甘冒矢石，出生入死，目睹父親朱棣由一名被追兵追得四處亂竄的叛逆，一躍而成爲天下之主。如此深刻的記憶烙印在生命裡，無時無刻不主導著他，將事態向這個熟悉的狀態推進。

絕大多數人的一生，其實都在不斷地重複某種過程。曾經的成功記憶與模式，已將他們塑造成「固態」，無論面對何種情形，總是不由自主地用舊有的觀念來定義，用舊有的模式來規範。

這樣的人，知道自己是怎樣成功的，卻永遠無法知道自己爲什麼失敗。

朱高煦正是其中的典型。現在，他將開始他的「重複」。

首先上書挑釁，指責新皇帝年輕稚嫩，屁事不懂，以好在未來起兵的時候，找到充足的理由。

見朱瞻基果然按照要求調整了政務，大喜，再上書，這一回要求的是進京獻花燈。他派出的送燈人，比其他藩王要多出一倍不止。這些人實際上全是間諜，奉命入京搜羅軍事情報。

朱瞻基居然歡天喜地，不唯沒有提防，且厚厚賞賜了三百六十名間諜。

朱高煦再次大喜，歷史果眞又一次證明了，侄子就是不如叔叔——朱允炆比不了朱棣，朱瞻基也比不了他朱高煦。也是啦！人生智慧可是一點一滴積累而成的，年輕人當然明顯居於劣勢。

既然如此，侄子啊，別怪叔叔心狠了。

照舊是依循當年朱棣的老法子，先建地下兵工廠，日夜不停地打造兵器，再拉起旗號，廣泛招募士兵。擴編的軍隊分爲五個縱隊——這是天子才有的權力，朱高煦並不想過分隱瞞自己，畢竟他是一個光明磊落的人。

接下來任命指揮使王斌爲太師，密結山東都指揮靳榮爲助，準備先取濟南，然後強攻北京，聯繫宮中內應……

忽然，朱高煦發現了問題。

什麼問題？

早在大明初創時，朱元璋就嚴厲打擊了太監參政議政的積極性，剝奪他們的政治權力。爲此，甚至在宮中立了一塊牌子，上書：太監干政者死。

然而，哪裡有壓迫，哪裡就有反抗。參政權被野蠻剝奪，激起了宦官們的階級仇、民族恨。靖難之役時，大批的太監或是逃離朱允炆，投奔北平解放區，或是在宮中秘密行動，不斷製造各種事端，存心添亂，擾亂建文帝的思維，成爲朱棣奪取天下的得力臂助。

經此一役，朱棣深深地認識到了太監們的力量，不由深情地感嘆：「太監，是歷史發展的眞正動力。」但在同時，也不忘高屋建瓴地指出，「當前最重要的問題，在教育太監。」

是啊，太監們不讀書，不認得字，雖然有樸素的無產階級感情，兩腿之間終是缺少了一嘟嚕肉，連帶著也降低了他們的參政議政能力。怎麼解決這個問題呢？想來想去，想到了一個絕妙的法子。

一天，朱棣廣貼招賢榜，找來大批年輕讀書士子，並對這些人發出熱烈的召喚：「知識青年到後宮去，廣闊天地，大有作爲。」

後宮？

沒錯！擠滿了絕色美貌宮娥嬪妃的天堂。

瞬間，所有年輕的讀書士子們都燃燒了，紛紛咬破手指寫血書，以表他們堅決回應號召，紮根後宮的決心。

但朱棣提醒道：「不對！那什麼，你們咬的是手指頭，錯了，應該咬的是兩腿之間的那塊肉。」

若想入宮，必先自宮。如不自宮，萬難成功。

原來如此！衆讀書士子大駭，意志薄弱者自然打了退堂鼓。但還是有極少數的超熱血青年，心甘情願地接受了哢嚓一刀，從此紮根於後宮，以太監的身分正式進入領導班子，管理起國家政務來。

等輪到大肥肉朱高熾執政，同樣重用太監，且更進一步地加強他們的文化教育，甚且賦予生殺予奪的權力。這使得後宮中數量廣大的太監們，全都成爲既得利益者，再也不像朱元璋、朱允炆時代那般，深受重重壓迫。

所以，現在的太監們，與新皇帝朱瞻基可謂同心同德、忠心耿耿。想在他們當中秘密建立五個縱隊，這……真不是一般的不容易。

欠缺太監勢力的支持，靖難之役的決定性勝利，便不可能重新上演。怎麼辦呢？朱高煦可真犯難了。

第5章

換個更能吃的主子

最後通牒下達不久，果然聽說朝廷上了火，派陽武侯薛祿前來圍剿。朱高煦聞訊，先是臉色嚴肅地站起身，緊跟著又一屁股坐倒，抱著肚子一陣狂笑。

太監集團已經被朝廷拉過去，那就只能找大臣當內應了。

朱高煦琢磨來琢磨去，最後選中了英國公張輔——爲什麼是他？其實也沒太多理由，你說張輔不合適，那你給推薦一個試試？

實在是找不到合適的人當內應，不馬馬虎虎湊合，又能怎麼辦呢？

內應找到之後，就在朱瞻基的屁股沾到龍椅上的第八個月，朱高煦義無反顧地拉起大旗，正式發佈告全國人民書，號召深受壓迫的人民起來造反。

起來！饑寒交迫的人們，滿腔的熱血已經沸騰，要爲眞理而奮鬥。朱瞻基，打他個落花流水，我們要換一個更能吃的主子……

檄令飛傳天下，勒令北京僞政府懸崖勒馬，立即回頭，交出戰犯，改過洗心。

沒多過久，聽說京師派了一個太監侯泰，前來遞交書信。

朱高煦居中而坐，傳令侯泰進來。

按道理來說，人家是來傳聖旨的，應該下跪接旨，可他已經和朱瞻基反動政權決裂了，當然不會跪。不僅不跪，還要大吼一聲，喝斥信使跪下。

如此威勢，嚇呆了小太監侯泰，撲通一聲，當眞跪倒在朱高煦的腳下，腮幫子緊貼其鞋背。

朱高煦環眼怒瞪，虯髯根根豎立，指著他的後脖頸，正氣凜然地道：「丟你老母、日你娘親、娘稀皮、先人板板、辣塊媽媽！朱瞻基那個龜孫王八蛋……」用的全是勞動人民最爲質樸的語言，狠狠批判了反動政權倒行逆施的累累罪行。最後的結語如下：「朱瞻基要行什麼仁政？狗屁仁政！無非不過是假仁假義，收買人心！你看朕這裡兵強馬壯，士氣如虹，試問今日之域內，竟是誰家之天下？自己掂量著辦吧！」

侯泰被罵得面如死灰，悻悻退下之後，對身邊人說道：「看明白了沒有？漢王威名赫赫，四海景仰，今日起兵，必是四方雲集，天下回應，我看朝中那位天子……嗯，有點玄。這樣好了，他們兩家打架，咱們誰也不偏不向，保持中立，不管將來誰贏了，都沒壞事。」

商議妥定，他興沖沖地回去，到老闆面前簽字報差旅費。

朱瞻基問：「漢王那邊，情況如何？」

他回答：「不如何。」

「他們有什麼計劃沒有？」

「不曉得。」

「此時樂安城中，有什麼異動嗎？」

「沒發現。」

總之，不管如何詢問，侯泰這裡基本就仨字：不知道，聽得朱瞻基好不鬱悶。

再說朱高煦這邊，打發走侯泰之後，又向朱瞻基發出最後通牒，上頭要求，朝廷必須立刻將諸多戰犯全數移交給他處置。此外，爲了防範戰犯潛逃，他漢王已經預先伏兵於各地，何去何從，好好琢磨吧！

最後通牒下達不久，果然聽說朝廷上了火，派出頑軍前來圍剿。

他急忙打聽，「統兵前來的將領，是哪一位？」

探子回答：「統兵之人，乃陽武侯薛祿。」

「誰？你再說一遍？」

「陽武侯薛祿。」

確認了這個消息，朱高煦先是臉色嚴肅地站了起身，緊跟著又一屁股坐倒，抱著肚子一陣狂笑：「哈哈哈！嘎嘎嘎！咕咕咕！哇哇哇……好個沒出息的朱瞻基，我道他會派誰來呢，萬萬想不到，居然會派薛小六子前來！哈哈哈！這可眞是快要把本王笑死了……」

爲啥笑成這般模樣？

薛祿，本爲無名之人，最早的時候是燕王府中的一名勤務兵，專門端尿壺、捧痰盂。後來靖難之役爆發，他和大家一起上了戰場，因著爲人不是太笨，得以慢慢晉升，不久就能夠和朱高煦配合出任務了。

但在作戰中，小薛子的主要職責，僅限於幫主子打打邊角、擦擦周邊，正事是絕對派不上用場的。

儘管沒多大出息，但將軍百戰死，壯士十年歸，從靖難之役中活下來以後，小薛子憑藉足夠的戰爭經驗，終是步步往上升遷，直至封侯。

封小薛子爲陽武侯的那一天，朱棣可是說不出的犯難，「小薛子，你小子連個名字都沒有，還封個屁啊封？馬上給我琢磨出個名字來，沒名字，你的侯可就沒有了。」

小薛子急道：「啓奏萬歲，大家都叫我薛小六子。」

「你娘的！薛小六子，這能算名字嗎？乾脆，朕賜你叫薛六……不，叫薛祿好了，招財進祿，多喜氣啊！」

「謝陛下，這下子咱也有名字啦！」

看明白了沒有？朱瞻基派來的，就是這麼一個貨色，也難怪不被朱高煦放在眼裡了。

第6章

創新型皇帝

御駕親征聽來的確沒什麼稀奇，可它恰恰擊碎了舊經驗與舊邏輯。朱高煦做夢也沒有想到，朱瞻基會傾全國兵力，親自趕來樂安揍他。

未及幾日，朝廷兵馬終於趕到樂安城下。

朱高煦指揮若定，吩咐信使立刻出城，送信給薛小六子，約定明日決戰。未料不久工夫，派出去的人回來了，報告道：「皇上說了，讓你趁早縛出降。不然的話，皇上很生氣，後果很嚴重。」

皇上？他聽得滿頭霧水，「不是說來的是薛小六子嗎？這裡有他朱瞻基什麼事情？」

信使回稟道：「是這麼回事，陽武侯薛祿只是兩路前鋒中的一路。這次實際上是皇上御駕親征，四方勤王兵馬都跟著來了，已將樂安城團團圍困。」

不會吧！朱高煦目瞪口呆。

不帶這麼玩的吧？明明說的是薛小六子來圍剿，老子正準備打他個滿臉花呢，怎麼皇上自己也來了，我這裡可是一點準備也沒有，接待費用都不夠，豈不是……唉！不帶這樣玩的吧？這麼個玩法，豈不是明擺著要玩死人？

朱瞻基，他就是要玩死朱高煦！

早在他還是一個孩子的時候，親愛的二叔就已不是對手，更遑論現在。

孩提時代，朱瞻基純粹運用自己的智慧，便能將朱高煦玩弄於股掌之上。而今，他一來擁有名正言順的皇家法統，二來擁有至高無尚的權力，這時候再回過頭來玩人家，實在是再容易不過。

事實上，早在朱高煦初有異動的當口，就被已經退休官員李浚覺出蛛絲馬跡，當下不顧老邁年高，馬不停蹄地狂奔京師，向朝廷報告。

緊接著，英國公張輔也私自來找朱瞻基，跪在地上拚了老命地磕頭，曰：「陛下啊，你看朝中那麼多的官員，朱高煦他偏偏挑了我當內應，明擺著是我對陛下您的忠心程度不夠。蒼蠅不叮無縫的蛋，都是我平時不加強學習，把自己等同於普通群衆，所以讓壞分子趁虛而入，您狠狠地批評我吧！」

朱高煦派了親信給英國公張輔送信，約定共同起事，推翻朱瞻基反動政權，事成之後，將之提升爲英國王。

可你想了，張輔的腦子又沒毛病，從公到王，不過是一個小小台階，隨時隨地都可以登上去，就爲了一點蠅頭小利，拿全族的身家性命來冒險，豈不是扯蛋？所以一收到密信，立即飛跑來報案。

李浚、張輔雙雙報案，朱瞻基龍顏大悅，然而太監侯泰的首鼠兩端，又讓他怒不可遏。火氣一上來，乾脆秘密召見侯泰的隨從，好言好語地安慰勸誘，那些人果然一五一十地招了。

掌握情況之後，他立馬召開秘密會議，「朱高煦圖謀不軌，我決定派薛小六子出馬把他幹掉，諸位愛卿以爲然否？」

此言一出，親信大臣齊齊反對。這時候朝中最重要的人物乃「三楊」，也就是三位姓楊的老臣子。

其中，楊榮分析道：「陛下，你腦殼進水了嗎？忘記了李景隆的教訓了嗎？我們不敢說薛小六子肯定和李景隆一個德性，但是將在外，皇帝的命令只當個卵子。爲今之計，只有御駕親征，出其不意，攻其不備，一舉拿下朱高煦。沒辦法，靖難之役在太多人心中留下了深刻的印象，他們想必都認爲，這一次的結果還會像上次一樣，就如太監侯泰一般，首鼠兩端，擁兵不前。不去扭轉這種狀況，咱們可就危險了。」

朱瞻基點點頭，說道：「說得太有道理了，那咱就御駕親征了。把所有能打的將領都給我調來，我們悄悄出發、悄悄進村，等到了樂安城下，管叫朱高煦哭都哭不出來！」

不多時，他果眞親統數十萬大軍，浩浩蕩蕩地殺奔敵營而去，沿途摧枯拉朽，不在話下。待兵臨城下，立即將一座小小的樂安，圍得水洩不通。

朱瞻基的御駕親征，有個響亮的名頭，叫「創新」。

怪了！御駕親征這一招，很多皇帝都做過，有何創新可言？

人類的腦子，大多是比較笨拙的，所謂的思維能力，說穿了必須靠記憶中的經驗積累而運行。先前的靖難之役，朱允炆派李景隆統數十萬大軍數次圍剿北平，結果讓朱棣數次擊退，最終失敗身死，這樣的結果，天下人有目共睹。因此，當朱高煦起兵之時，他和絕大多數人的思維，仍然停留在上一次的戰爭狀態中，認為朱瞻基也會和朱允炆一樣，派個莫名其妙的將領前來，然後輕而易舉地被擊退，拱手讓出天下。

這麼個思維，就叫慣性思維，只能沿著由經驗鋪設的舊有軌道運行，幾乎不會變化。

朱瞻基卻是個創新型皇帝，偏偏要打破舊有的思維邏輯。御駕親征聽來的確沒什麼稀奇，可它恰恰擊碎了朱高煦的舊經驗與舊邏輯——簡單說來就一句話，朱高煦做夢也沒有想到，朱瞻基會傾全國兵力，親自趕來樂安揍他。

因爲沒想到，所以毫無準備。面對著城下黑壓壓的朝廷兵馬，他徹底傻眼。小王八蛋居然不按牌理出牌，這可怎麼辦呢？

第7章

人性的對決

朱高煦大步流星地出門，向著城門去，卻又突然停下來。前面是黑壓壓的人頭，由他任命的太師王斌帶隊，清一色的文武百官，攔在了路當中。

面對著朝廷兵馬的咄咄逼人之勢，朱高煦做了象徵性的抵抗，命人於城牆上轟轟發炮，希望能夠轟開一條血路，逃之夭夭。

不想對方那邊火炮更多，也對著城牆上好一通猛轟，打得他灰頭土臉，不得不匆忙逃下城樓。

回到漢王府，就聽見嬌妻美妾一片震天的哭聲。

所有的家人都在懇求，「老頭，求你了，你自己出去讓皇帝宰了吧！死你一個人，保咱全家福。如果你不肯出去，讓人家衝進來，咱們可就都完了……求求你，快去讓人宰了……」

與之同時，城外射進朱瞻基的詔書，上面寫著：朱高煦你個老混蛋，馬上滾出來投降。乖乖聽話，朕一高興，說不定就不殺你。要是再磨磨唧唧，別怪老子跟你玩眞的！

看看這封信，再瞧瞧腳下跪倒一片的妻妾兒女，英雄末路的朱高煦忍不住長歎一聲，落下眼淚。

沒法子玩下去了，認輸下課吧！

朱高煦大步流星地出了門，向著城門的方向去，卻又突然停下來。

前面是黑壓壓的人頭，由他任命的太師王斌帶隊，清一色的文武百官，攔在了路當中，「王爺，你幹啥去？」

「都這時候了，還能幹啥去？投降唄。」

王斌及衆官員一起搖頭，「不可以。」

「啥玩意兒不可以？爲啥不可以？」

「別管啥玩意兒，也別管爲了啥，總之不可以就是不可以。」

「你們的意思是……不讓我出去投降？」

「然也。漢王啊，你英雄一世，赫赫威名，天下人誰個不知？哪個不曉？而如今卻要向一個黃口小兒投降，這要是讓人說出去……王爺，你丟不丟臉啊？」

自己欲降，部屬們卻不肯答應——直到這一步，朱高煦才終於明白什麼叫人性。

這叫什麼人性呢？

簡單說，王斌等人既然選擇了造反，那就是有死無生，有進無退，只能是一條道跑到黑。而今事敗投降，在朱高煦這裡，他畢竟是朱瞻基的親叔叔，哪怕是恨死他了，但爲了向天下人顯示自己的仁君氣度，決計不會殺死他。可對於其他人，那可萬萬用不著客氣，剝皮抽筋，誅殺全族，怎麼著快活就怎麼來，老百姓不會有任何不同看法。

決死一戰，王斌等人說不定還會有點機會。倘若朱高煦自己先降，他們可眞就死定了。因此，這些人堅定地阻攔在門前，不允許老闆亂投降。

朱高煦敗在朱瞻基手下，就是因著他缺乏對於人性的最起碼洞察與認知。看起來輸得只是僥倖，實則爲必然。

想明白了這一切，他再歎一聲，悄無聲息地返回王府。

關上門後，立馬把自己的兩個兒子叫來，「大寶、二寶，事情麻煩了！王斌率百官阻住了出門之路，可若咱們家不快點投降，你們兩個也會受到牽連的。如今連門都出不去，可該咋整呢？」

大寶朱瞻坦建議道：「不如將王斌等人叫進來，就說召開常委會，然後出其不意動手，把他嘁哩喀嚓剁零碎了。」

二寶心眼較多，冷笑道：「王斌那人，胳膊粗、力氣大，又特別能打。想剁了他？他不剁了你就算走運！」

大寶怒視過去，「照你的意思，咱們全家就死絕絕不成？」

二寶笑道：「死絕絕倒未必，只不過呢，眼下這事兒，當爹的你還得辛苦點。只有一個辦法，就是父王你化妝成農民工，悄悄溜出城去，去向我堂哥朱瞻基磕頭求饒，求他放全家一條活路。」

朱高煦聽了，放聲大哭，「娘的！這叫什麼事啊？連投降都要偷偷摸摸，我怎麼就混成了這麼個慘樣？」

聞說朱高煦易妝出城，前來求降，此時正在外邊等待處理結果，朱瞻基興奮得差一點昏死過去。

說老實話，這一次御駕親征，是冒了天大的危險。天知道他離開以後，京城裡會不會出什麼事兒？天知道走在半路上，這些護駕的傢伙會不會忽然給他一刀？天知道這小小的樂安城中，會不會猛然殺出一支奇兵？他什麼都考慮到了，單單沒想到朱高煦投降得如此容易。

興奮之餘，他朗聲宣佈，將朱高煦全家押赴京師關押，一個不殺，以示寬容。城中百官統統帶走，交由司法問責。其餘民眾和士兵，一律無罪。

第8章

收關幕落風雲起

朱瞻基已經明顯感覺到身體不適，並發現朱高煦有可能活得比自己還長——在世的時候，可以輕鬆將之擺平，可一旦自己死掉，誰還會是這老傢伙的對手？

大軍浩浩蕩蕩地掉頭回家，到了京城，老臣楊士奇來了，說：「陛下，漢王已經拿下，還有一個趙王朱高燧，遲早也是必反。如今的問題，在於他可以反，陛下你卻已經混成了仁君，這是注定要吃大虧的。不吃虧、淨占人家便宜，那算什麼仁君，對吧？朱高燧可以不講理，可以造反，你卻不能殺他，陛下你說，這事可該怎麼辦？」

「我怎麼知道該怎麼辦？可你既然主動提出此事，多半已經有了好辦法。」

「很簡單，派一個嘴巴利害的傢伙去見趙王，讓他自動交出所有的兵馬武裝。造不起反來，你當然用不著殺他，這豈不是明君之道？」

朱瞻基大喜，立即寫下一封親筆書信，交由駙馬袁容、御史劉觀送去。

卻說那朱高燧，聞知漢王已在傾刻間灰飛煙滅，只嚇得魂飛膽裂，自知不是對手，成天擔心朱瞻基緊接著就要來找麻煩。突然收到這封信，大喜，知道只要甘心情願當一個鄉下土財主，放棄政治野心，就不會挨揍，遂照書信上的要求辦理，乖乖交出所有的武裝力量。

朱高燧平安過關，不料已經成了俘虜的朱高煦，又碰到了一點麻煩。

據宣宗朱瞻基自述，有一天，他忽然興起仁慈之念，就去關押朱高煦的牢房看望。誰知那廝如此不像話，竟然一個箭步衝過來，一個奇蹺八怪蓮花腿，就聽啪唧一聲，堂堂皇帝臉朝下結結實實地摔在地上。

當場他就怒了，就地一個鯉魚打滾跳起來，吩咐手下人搬來一只預先備好的大銅缸，把親二叔扣在裡邊，上面加了炭火，慢慢炙烤，直烤得人家頂著大銅缸滿地亂滾亂跑……

這個敘述，其實非常可疑，完全是他怎麼說，史官就怎麼記，沒有朱高煦的律師在一邊辯護，缺乏足夠的合法性。

實際的情況，應該是朱高煦這廝太能活了，此人沒什麼心計，大腦基本上不用，所以生命能量消耗得少，生命線就極長。明擺著，當時的朱瞻基已經明顯感覺到身體不適，並發現朱高煦有可能活得比自己還長——在世的時候，他可以輕鬆將之擺平，可一旦自己死掉，誰還會是這老傢伙的對手？

無論如何，不能再留朱高煦了。

這廝太能折騰，只要他活著，遲早還會折騰出事來。

此外還有一種更大的可能，朱瞻基恐怕是想起了自己小的時候，朱高煦對他的種種戲辱。這些往事沒有記載在史書上，但卻深深烙在了他的心底，每每想起，總會感受到強烈的憤怒。

若非如此，去天牢裡探監，幹嘛還要隨身攜帶一只大銅缸？肯定早就有了炭烤二叔的念頭。

史冊上有段記載，說的是建文帝朱允炆成為太子後不久，正巧遇到朱棣。後者冷笑著說：「就你這個小兔崽子，也配當皇帝？趁早死了這條心吧！」

早年的朱棣是如此態度，而後的朱高煦，又豈會將侄子放在眼裡？

再看朱瞻基扛的那口大缸，還是那句話，誰去監獄探監，會想到預備這種東西？很顯然，在他的孩提時代，有過一段與銅缸相關且不堪回首的記憶。那時的朱高煦，搞不好曾把他扣到大缸底下去。考慮到朱瞻基的父親是個任人欺凌的大肥仔，這事發生的機率，不低於百分之百。

殺掉朱高煦，朱瞻基報了生命中的一箭之仇。

然後呢？

然後……然後，這世界上好像沒什麼事情再需要他了。皇帝也當了，仁君也做了，仇人也宰了，兒子也有了——對了！還有一件事，這個孩子，不是皇后親生的，一位美貌的孫姓貴妃聲稱要對此孩子的出生負責。

但也有史家認定，這孩子其實跟孫貴妃同樣一點關係也沒有，是她事先與宮中太監商量好了，看哪個美貌宮女被朱瞻基搞大肚皮，就將人囚禁起來，等孩子生下來，馬上對外公告是自己生的。

這個孩子的名字，叫朱祁鎮，不過，叫什麼無關緊要，有關緊要的，是孫貴妃要求出任皇后一職。

此事非同小可，放眼歷史，但凡撤換皇后的，多半都是昏君，明君可不幹這事兒。朱瞻基是明君，所以斷斷不可以幹。

但是，他有他的考量：母親只是個貴妃，這對我兒子未來的人生，將造成難以抹除的陰影。所以嘍，去你娘的明君吧！老子顧不了啦！

於是朱瞻基時代又一樁大事爆發，皇后爭霸賽。

這場賽事引發多官上奏，表示強烈抗議。

可由於那時經歷太多太多的戰亂，總人口數量始終保持在合理的範疇之內，失業人潮尚未出現，大多數百姓的飯碗裡都還有得剩，因此，又稱之爲開明的時代。群臣們嚷嚷一陣，也就算了。

此事過後，朱瞻基在宮裡寫寫詩、畫畫圖，再就是出門微服私訪，溜達溜達，直至幸福地辭世。

由是，大明帝國的第六任兼第八任皇帝——英宗朱祁鎮，閃亮登場。

這一年，他才剛滿七歲。

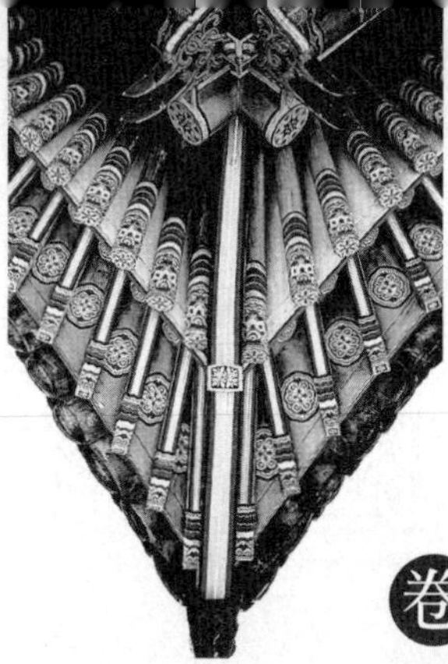

卷五

血腥的良善之徒

朱祁鎮淪為也先的俘虜時，
袁彬幫助他渡過了人生最艱難的時刻，
在最寒冷難耐的時候，
甚至曾以自己的身體來替他取暖。
如此恩德，理應幹掉。

第1章

引刀成一快

朱瞻基想給孩子請個有學問的老師。宮外的飽學鴻儒倒是車載斗量，可他們所謂的忠於皇家，都是有私心的……他的目光，落在了太監王振的身上。

前面說過，早在成祖朱棣時代，他就考慮要讓太監們參政、議政。無奈宮中太監多半不識得字，議了也是瞎議，所以他又想：當前最緊要的任務，是提高宮中太監們的整體素質。

為此，朱棣找來一群年輕的讀書人，熱情地號召道：「知識青年到後宮去，廣闊天地，大有作為。」眾士子無不欣喜若狂，卻聽他又道：「若入後宮，必先自宮。如不自宮，不許入宮。」

這還得了？在場人一聽，轟的一聲做鳥獸散，逃得連影子都找不到，獨獨一個年輕人不然，盤膝坐在原地，眼觀鼻，鼻觀心，沉著淡定。

朱棣一見大喜，曰：「關鍵時刻，才知道誰才是真心忠於皇帝。來人啊！與朕把這個淡定的傢伙切了！」

宮中太監們一擁而上，將那人抬起來，放在原始的手術床上。就聽喀嚓嚓一聲，淒厲哀嚎隨之而起：「不要啊！不要切我！」

老太監不高興了，訓斥道：「都切下來了才說不要，那還來得及嗎？既然不要，剛才為什麼不快點跑？」

年輕人哭道：「我是想跑的，偏偏嚇得兩腿麻軟，昏死過去……」

原來這廝並非淡定，而是嚇昏了，你說扯不扯？

昏了活該，從此，他成爲宮中的一名太監，名字叫王振，乃屈指可數的讀書人之一。

時光流逝，朱棣死了，而後繼位的仁宗朱高熾，也以飛快的速度死掉。朱瞻基當上皇帝，很快生下兒子，起名叫朱祁鎮。

朱祁鎮長大了，會說話了，朱瞻基心想，得給孩子請個有學問的老師。宮外的飽學鴻儒倒是車載斗量，可讓他們切了兩腿間的肉嘟嘟入宮，總是堅決不肯，明擺著所謂的忠於皇家，都是有私心的。不行！要教育好自己的孩子，一定得找個沒有絲毫私心的飽學鴻儒才行。

他的目光，落在了太監王振的身上。此人可是一刀切掉自己入宮來的，倘使有絲毫的私心，豈會做出這等慘烈的犧牲？再者，他的學問學識，絲毫不比宮外的那夥人差，兒子的家庭老師，就是他了！

毫無懸念，王振出任太子朱祁鎮的老師。

過了一段時間，朱瞻基過來視察教學成果，將走路還不穩當的小朱祁鎮抱起來，放在膝頭，問：「小王八羔子，將來你當了皇帝，能不能讓天下太平？」

小朱祁鎮清脆地回答道：「那太小意思了！天下太平有什麼難的？」

朱瞻基大驚，「哎呀呵！這小東西……再來，如果有亂臣賊子擾亂天下，小兔崽子，你敢不敢率六師出征？」

小朱祁鎮笑道：「不過是統兵出征而已，小兒科。」

眼見得太子如此聰明，在場大臣全都情不自禁地跪倒於地，眼含熱淚，放聲狂吼：「萬歲！萬歲！萬萬歲！」

誰也沒有想到，小朱祁鎮長大成人之後，果然迎來一次御駕親征的機會。但是，其結果狠狠地跌破了全部人的眼鏡。

沒錯，他搞砸了。

究竟是如何一個搞砸法？話，說起來可就長了……

第2章

小皇帝的心理悲劇

有許多人，一輩子不停地製造麻煩，就是因為心智模式出了問題。朱瞻基以其絕對的威權，對朱祁鎮輸入一道錯誤的程式，帝國已經隱伏下可怕的危機。

現在，讓我們來看看大明第六兼第八任皇帝朱祁鎮的個人簡歷：

- 姓名：朱祈鎮
- 出生：一四二七年十一月十一日
- 出生地：北京
- 生肖：羊
- 血型：AB型
- 身高：一百七十四公分
- 體重：五十八公斤
- 相貌特徵：清秀、斯文、儒雅
- 特長：擁有無可比擬的親和力
- 社會關係：

父親：宣宗朱瞻基

母親：孫氏

妻子：錢氏

有兒子十人

四歲：以太監王振爲帝師。

六歲：回答父親朱瞻基的御前殿試，令群臣百官山呼萬歲。

九歲：在全國人民的一致擁戴之下，出任大明帝國第六任皇帝。

二十二歲：福建沙縣鄧茂七群體事件發生，旋即平定。

二十三歲：瓦剌人虛定統計數字，冒領獎賞，遭到王振的駁斥，因此發動群體事件。朱祁鎮御駕親征，戰於土木堡，爲瓦剌分裂分子劫持，作爲人質，謀攻北京城。城中的景泰帝朱祁鈺旋即登基，他被迫下崗。

二十四歲：返回北京，居住於南宮。

二十六歲：景泰帝另立太子，意在打擊。

三十一歲：得到武清侯石亨、副都御使徐有貞、宦官曹吉祥擁戴，再次當選爲皇帝，是爲大明帝國第八屆皇帝。

三十二歲：釋放被關押長達五十四年的建文帝朱允炆的太子朱文奎，關押時其人不過二歲，出來時幾同白癡，不識雞鴨牛羊爲何物。

三十四歲：揪出以忠國公石亨為首的反皇帝集團，石亨處死。

三十五歲：大太監曹吉祥起兵，主張一切權力歸太監，要武裝奪取政權，失敗後被滅族。

三十八歲：卒。

看看朱祁鎮的個人簡歷，我們不能不打心裡發出這樣的感慨：朱瞻基不懂得教育啊！他在兒子的心裡，埋下了未來的悲劇種子。

試想，朱瞻基問年幼的兒子，若有亂臣賊子擾亂天下，你敢不敢率師親征？孩子只能回答敢，不能有別的答案。而這個敢字說出了口，從此就成為橫亙在心裡的一道障礙，若不設法於現實生活中跨越，終其一生都揮之不去。

說得更明白點，朱祁鎮的有生之年裡，必然要找到一件御駕親征的事體。找到了千好萬好，怕就怕找不到，這孩子將只能為自己製造麻煩。

有許多人，一輩子不停地給別人和自己製造麻煩，就是因為他們的心智模式出了問題，在幼年時期被人輸入錯誤的信號。人的大腦，好比一台笨笨的機器，思維則是運行在機器上的程式。假若程式出錯，甭管這人本身是多麼的努力，這輩子都只能徒勞而無益地活著。

朱瞻基以其絕對的威權，對朱祁鎮輸入了一道錯誤的程式。表面強大的大明帝國，已經隱伏下可怕的危機。

單只是朱瞻基添亂倒也罷了，如果朱祁鎮的人生導師懂點心理學，未來的心理矯正也不是不可能。

怎奈他的人生導師，卻是被朱棣喀嚓過的王振。好端端的竟然被切了這麼一刀，內心必然很受傷，心理學是沒辦法懂了，最多懂點生理學，擔負起矯正學生心態的重任，可真不是那麼容易。

不過，王振一直在努力，期望能配上一代帝師的尊榮。朱祁鎮登基的第四年，他，終於等到了一個一展才華、震動朝野的機會……

第3章

三代人的精心運作

別看士大夫們一個個道貌岸然，他們打的每一個主意，都是為了自己的老婆孩子。相反的，太監連卵蛋都割掉了，最大的私心，不過是多弄點銀子。

朱祁鎮當皇帝的第四年，發生了一件很小很小的案子。

在福建，有個驛丞很兇，因爲他是朝中三朝元老楊溥的同鄉。此外還有個按擦僉事廖謨，同樣很兇，因爲他是朝中三朝元老楊士奇的同鄉。一天，兩個兇人碰到了一塊，馬上比起兇來。

按擦僉事廖謨的官比較大，當下毫不客氣地吩咐手下把對方按倒，砰砰砰一頓狂揍。等到揍過癮了，兇驛丞已經成了一具屍體。

出人命了，官司上報，請朝中大臣們解決。

老臣子楊溥發現被打死的人是同鄉，氣憤於心，強烈要求將廖謨繩之以法，判處死刑。另一方面，老臣子楊士奇發現打死人的廖謨是同鄉，堅持要求判處他因公殺人，批評教育一下就算了。兩個白鬍子老頭都要爲自己的鄉人出頭，彼此不服，就在朝堂上嗷嗷嗷地吵了起來。

吵了好一陣子，倆老頭始終吵不明白，轉而找群臣說理，可誰敢惹他們兩個？所有人連連搖頭，「兩位老領導的話，都是對的，都是値得我們認眞學習的……」既然決斷不了，只好接著找太后。太后哪裡弄得懂這些怪事？一時之間也不知如何是好，便詢問帝師王振。

就聽王振笑道：「楊溥和楊士奇這兩位老幹部啊，都存了私心，想袒護他們的同鄉。如果按楊溥的說法，判決廖謨死刑，肯定是重了。但按楊士奇的判法，說廖謨只是因公殺人，又未免太輕了。這個案子，到底應該如何判定？很簡單，太祖朱元璋皇帝早就頒發了一部《大明律》，現在請大家拿起來，跟我一起認眞學習其中的教導。他老人家說，如果遇到下級官員太凶，惹火了上級官員，把人活活打死的案件，不可以判死罪——人命雖然關天，領導面子更重要。可也不能算作因公殺人。理應將殺人的上級官員撤職查辦，嚴肅批評。」

學習了朱元璋的講話精神，撂下書本，衆人頓時一個個心明眼亮，再看太監王振，不由得肅然起敬。不愧是帝師，《大明律》背得滾瓜爛熟！

此事過後不久，又出了一起惡性刑事案件。

這一次，同樣也是歹徒殺死人命，但這傢伙來頭不小，等閒人物是惹不起的。你道兇手是誰？居然是三朝元老楊士奇的寶貝兒子楊稷。

楊稷打小生在官宦之家，父親又是連續三屆皇帝倚重的老臣子，所以這小子就想了，我爹好有本事，憑什麼我就不能殺幾個男人、搶幾個女人？憑什麼我不能啊？

史書上說，他恃仗著父親的權勢，橫行鄉里，枉殺無辜，鬧得越來越不像話。此事被御史查到，寫奏章上報，可是刑部的官員也惹不起楊士奇，雖然暫時把楊稷捉來，卻好茶好飯、美酒大肉，每天供養著，不敢眞的把他名正刑律。見此情形，御史們憤懣於心，便繼續上表彈劾。

且說楊士奇的心情，眞是複雜已極，難以言說。他一生耿正，絕對不願意循私枉法，可楊稷偏偏是他的親生兒子。再壞的孩子，在父母心裡也是天使。眼下實在兩難，如果直說讓刑部放了兒子，莫要說一世清名毀於一旦，更容易引發政敵的攻擊，鬧到最後難保是個什麼結果。可難道要讓自己說，好！快把我兒子給殺了！這豈是爲人父母者能夠做出來的？

爲難之際，楊士奇夜翻《論語》，翻到一句孔子的話：父爲子隱，子爲父隱，直在曲中矣。意思是說，法律這東西算個槌子？當父親的，就是要包庇兒子，當兒子的，同樣也要包庇父親。

你看這麼個搞法不對頭，可只有這樣，親情關係才能夠維繫，人類社會也才能夠變得和諧。

看來看去，想來想去，楊士奇丟了《論語》，寫了封辭職信。不管了，老子把我兒子給你們留在大牢裡，愛放愛殺都隨便！

楊士奇離休，楊榮病死，楊溥又是滿腦殼私心，此後的朝政大權，終於順理成章地轉移到王振手中。

將國家政權轉交給太監，這是由成祖朱棣精心設計，經過仁宗朱高熾的推動，再經過宣宗朱瞻基的配合運作，整整花了三代人，這才好不容易完成的，目的在最大程度地削弱士大夫對朝政的。

別看士大夫們一個個道貌岸然，冠冕堂皇，可說到底，他們打的每一個主意，都是爲了自己的老婆孩子。相反的，太監連卵蛋都割掉了，最大的私心，不過是多弄點銀子，肯定比較可靠——在這個問題上，大明帝國的歷任皇帝們，始終有極其明確的共識。

第4章

你傷害了我的驕傲

大明寧可老百姓沒褲子穿，也要讓國際友人滿載而歸，使者個個都揣著大包的金銀回去。瓦剌的領導人也先忍不住就琢磨了，大明朝好像有點缺心眼……

卻說那大元帝國，自從被朱元璋趕走，就流落到荒野之上，向著原始人的時代迅速退化。

退化到了朱祁鎮當皇帝的時候，元人的殘餘勢力，已經一分爲二，東邊有一夥，稱之爲韃靼，西邊有一堆，稱之爲瓦剌。

韃靼和瓦剌相互對打，此消彼長，此起彼伏。

這當口瓦剌強大一些，但與大明帝國相比，差得還遠。於是，他們上表稱臣，並派出一支使者，到大明朝上貢。

大明有個規矩，寧可讓老百姓沒得褲子穿，也要讓國際友人滿載而歸，所以第一批使者五十人，個個都揣著大包的金銀回去。

次年派了一百人，又是滿載而歸。

瓦剌的領導人也先忍不住就琢磨了，這個大明朝，好像有點缺心眼，貢使不過是搞運輸的物流，你送給他們那麼多的銀子幹什麼？既然如此，我乾脆再多派些人過去。

結果，他發現，大明帝國硬是心眼不夠用，不管派多少貢使來，這邊統統讓你滿載而歸。究竟要派到多少個人，才能夠醒過神來呢？也先很想知道這問題的答案，便不斷地增加貢使的數目，一直增加到三千人。

此時，大明這邊是王振總攬朝綱，他終於注意到也先這廝擺明了在玩大家，當下毫不客氣地按常規貢使的人數支付辛苦費。三千人的大部隊，最後只揣了幾錠銀子走路。

儘管派出三千名貢使，擺明了是在戲弄人，可臨到對方按規矩辦事，也先還是覺得心情很受傷。他說：「大明帝國，你傷害了我的驕傲。」

瓦剌，是草原上的雄鷹，是英雄成吉思汗的後裔，就這樣被大明傷害，那是無論如何也無法容忍的。

忍無可忍，無須再忍。

煙塵起處，紅旗漫捲，今日長纓在手，何時縛卻蒼龍——瓦剌鐵騎出動了，數萬名精銳騎士進逼貓兒莊。

大明守將倉促應戰，被打得落花流水，西寧侯朱瑛、武進伯朱冕雙雙戰死。都督石亨揮舞著金背砍刀，瘋了一樣地殺出一條血路，頭也不回地落荒而走。草叢裡躲著一個監軍郭敬，嚇得只會抹眼淚。

消息傳到北京城，百官大為震駭，唯有王振與朱祁鎮欣喜若狂。

為啥如此高興？

很簡單，他們終於等來了機會，得以兌現二十年前對宣宗朱瞻基的承諾。

昔年，朱瞻基曾問：「若有亂臣賊子擾亂天下，你敢率軍親征嗎？」

朱祁鎮當時響亮地回答：「敢！」

這個敢字，別人聽過了，也就算了，你愛敢不敢，關我屁事？可這是朱祁鎮成長的最深刻記憶，也是朱瞻基留給王振的一道作業題。多年以來，師徒二人坐在宮裡瞎琢磨，琢磨的就是如何來完成它。只是天下承平日久，百姓安居樂業，始終是沒得機會。

現在，機會終於擺在了面前。

只有王振才能夠理解朱祁鎮心中的興奮，也只有朱祁鎮才能夠理解王振心中的欣慰。完成這道題，對死去的朱瞻基就有了一個交代。

「御駕親征！」王振發下命令：「調集五十萬人馬，後天就出發！」

五十萬人馬？

後天就出發？

兵部的官員險些被嚇死，「拜託，王老師，你有沒有常識啊？五十萬人一天就要吃小山那麼高的糧食，別說沒地方弄來，就算是弄到了，單只是飯碗、筷子便要上百萬雙，短短兩天，根本也湊不齊啊！」

王老師的回答是：「沒有任何藉口，思路決定出路，辦法總比困難多。」

看明白了沒有？他雖然也是個飽學鴻儒，可是久困宮中，天天和美貌的宮女膩在一起，已經與整個人類社會有隔閡了。

懂軍事常識的，偏偏私心太重。眞的願意爲皇家分憂的，卻被宮牆隔住了視線。

如今再回看朱瞻基留下來的習題，這禍，闖得可大了。

第5章

停留在兩腿之間的智商

智慧提升，得借助外界信號輸入對大腦皮層導致的刺激來完成。替老王想想，在這世界上，還能有什麼刺激比得了兩腿之間的喀嚓一刀，更要來得痛快？

辦法總比困難多，這話說得一點也沒錯。王振要求兩天調集五十萬大軍，這樁不可能的任務果然辦到了。

然後，大家出發。

行軍第一天，抵達龍虎台，安營紮寨。夜裡軍中擊鼓傳號，卻突聽營裡響起一片鬼哭狼嚎之聲，原來是士兵們以爲瓦剌人殺來了，登時大亂。無數人衣服也不穿，光著身子四下裡狂奔。好不容易穩定下來，剛剛往營帳裡一躺，天卻已經大亮，只得繼續前進。

行軍第二天，一片烏雲自西南而來，頃刻之間到達頭頂，只聽嘩啪啪之聲不絕於耳，冰雹和暴雨一起砸下，砸得將士們哭爹喊娘，無比淒慘。

等到雨過天青，深一腳，淺一腳，再往前走，卻發現路邊東一具、西一個，躺了不知多少明軍的屍體。

這些人是怎麼死的？

法醫上前一檢查，報告說都是餓死的。

不會吧！這才走了不到兩天的路，就餓死這麼多的人，難道說那些士兵們，在來之前就有半個月沒吃飯了？

按理說不應該，可史書上有記載，千眞萬確。

千眞萬確就千眞萬確吧！別耽擱了，快走。

走了十來天，終於抵達大同的貓兒莊戰場，見滿地殘屍與鮮血，朱祁鎭怒不可遏，下令加快行軍的速度，爲犧牲的忠勇將士們討還血債。

持續前行，卻始終見不到瓦剌人的影子。

怪了，瓦剌人跑哪去了？

其實，他們就在前面不遠處，與五十萬明軍保持著同速移動，雖只不過五萬之衆，但都是騎兵。只是也先搞不大懂，朱祁鎭弄這麼多的人來幹啥？心裡好奇啊！捨不得走遠，便不遠不近地觀察著。

正行之際，國家氣象局局長——那時叫欽天監——彭德清來了，對王振說：「王老師，昨個我夜觀天象，發現情形不妙，再往前走，只怕是……我的意思是說，皇上和王老師你們倆福大命大，壽與天齊，但從星相來看，恐怕是沒幾天混頭了。」

王振一聽氣壞了，大罵：「彭德清，你胡說八道些什麼？再胡說，我把你嘴巴撕爛！」

彭德清退下，在貓兒莊戰役中逃脫的監軍郭敬來了，「王老師，不是我嚇唬你，我可親眼見識過瓦剌人的戰鬥力，唉，怎麼說呢？那戰鬥值與防禦值，比咱們超出了不知多少個級別。別看這裡有五十萬人，可在人家眼裡，不過是五十萬隻羊。你可聽說過五十萬隻羊，能頂翻五萬隻北方狼的故事？」

「這個……」王老師心裡不由得犯起嘀咕，回頭看，發現五十萬的大軍的糧食早已吃光了，再走下去，不等瓦剌人來到，只怕大家統統得餓死。

御駕親征，原來一點也不好玩。

要不，咱們先回家？他趕緊對朱祁鎮提出建議。

這時候，年輕皇帝終於也醒過了神。什麼事情，都是想著容易，真到做的時候才曉得有多難。

按理來說，率五十萬人出來打架，怎麼想都穩贏，誰料得到士兵們頓頓都要吃飯，這事，早年父皇朱瞻基根本沒說起過。

對了！還有還有，敵人居然還帶跑路的。當年祖爺爺朱棣打朱允炆、父親朱瞻基打朱高煦，對手都是老實蹲在家裡等著挨揍，一步也沒有跑，怎麼輪到了自己，瓦剌人居然跑得這樣快，這叫什麼事呢？

想不通，朱祁鎮心情悲憤而鬱悶。

事實上，早在朱瞻基對年幼的朱祁鎮佈置這道家庭作業時，就失手把兒子的年齡定格在了六歲左右的階段，往後再也無法成長——怪就怪皇宮裡的生活太安逸，朱祁鎮的人生過於幸福而平穩，沒有任何波折，沒有任何坎坷。說得更白一些，再也沒有外界刺激信號輸入他的大腦，始終保持在六歲左右。所以，儘管生理成熟了，能夠幸御得美女們哇哇地哭，可他的內心，仍是純眞而懵懂，啥事不懂，只能聽從王老師擺佈。

更糟糕的是，王振王老師呢，自從讓人喀嚓之後，智慧也再沒有進步過。

爲什麼？因爲，智慧的提升，得借助外界信號輸入對大腦皮層導致的刺激來完成。你替老王想想，在這世界上，還能有什麼刺激比得了兩腿之間的喀嚓一刀，更要來得痛快？

沒有了，再也不會有了。

被閹割掉生殖器的王振，智能雖然比朝中群臣稍微高了那麼一點點，卻注定要停留在兩腿之間，永無繼續上升的可能。

因此，這時他想的其實是：前面行進二十里，再往左拐，就是我的家。我家住在黃土高坡，刀子從兩腿間切過，甭管是切菜刀，還是殺豬刀，都讓我嗷嗷叫，嗷嗷叫……我肯定已經淪爲了鄉人的笑柄，倒不如帶著皇帝和這五十萬大軍回去一趟，爲自己平反昭雪吧！

不耽擱，趕緊傳令：「三軍聽令，全速奔往蔚州，我所魂牽夢縈的故鄉！」

第6章

抱歉！我們不缺皇帝

瓦剌騎士從四面八方疾撲而至，照明軍就是一通亂砍亂剁，砍得他們一敗塗地。朱祁鎮已是上天無路，入地無門，索性跳下馬來，盤膝坐在地上。

實事求是地說，王振確實不是壞人，只是被大明那柄殘酷的殺豬刀，將智商定格在了兩腿之間。他的心，仍然如此前那樣的柔軟。

五十萬人馬走到半路，他突然想起來一件事：這麼多的人湧入故鄉，一定會把莊稼踩得稀爛，對不起父老鄉親啊！於是又改了主意，命令大軍掉頭回北京。

可憐這些還沒有餓死的士兵們，在荒野上跑過來，跑過去，跑到土木堡時，天色已經黑了。

史書上總是說，再往前區區二十里，他們就能夠進入懷化城，卻忽略了一個事實：二十里地，馬拉松選手都要狂奔兩個鐘頭左右，五十萬人的大軍，豈不得走上一整天？王振選擇這麼個怪地方紮營，好像也沒什麼錯誤。

可是，後面的瓦剌人已經追上來了，恭順侯吳克忠、成國公朱勇，再加上永順伯薛綬衝過去堵截，果然群羊架不住一隻狼，頃刻之間，死得一個不剩。兇狠的瓦剌騎士繼續向前，疾撲土木堡。

不怕！王老師命令明軍將火炮搬過來，噴射個不停，再加上箭飛如雨，讓瓦剌人寸步難前。

也先一看這情形，立馬說：「我們和談吧！打什麼仗呢？和平才是世界發展的主流。」率先派出使者。

王振大喜，心說正好利用這個機會將四方的明軍全調來，打五萬隻狼，五十萬隻綿羊可遠遠不夠用。

和談協議簽訂之後，明軍大轉移，不想瓦剌人居然選在這個時候發起總攻。當下只聽得胡笳聲起，馬蹄驚天，瓦剌騎士從四面八方疾撲而至，不由分說掄起彎刀，照饑渴了整整兩日的明軍就是一通亂砍亂剁，砍得他們是陣腳大亂，一敗塗地。

正在混亂的當口，護衛朱祁鎮的將軍樊忠，突然向著王振撲過去，口中大罵：「你個王八蛋，害慘了大家！」

噗哧一鐵錘，可憐的王老師，腦殼已是碎裂得不成樣子。樊忠隨即也被瓦剌人砍死。朱祁鎮此時已是上天無路，入地無門，索性跳下馬來，盤膝坐在地上。許多禁軍護衛在他身邊，以盡最後職責。

瓦剌人殺啊殺，發現了這支奇怪的隊伍，就拎刀子過來看個究竟。朱祁鎮也不慌，只問道：「你是哪一個？」來人見他氣度沉穩，問話時帶有一種天然的尊榮，不由大驚，急忙回頭向也先報告。

聞知捉到了朱祁鎮，也先也嚇呆了，「怎麼把大明天子給捉來了？接下來咱們怎麼辦？你們誰有主意？」

瓦剌人只懂打架，哪裡能有主意？幸虧這時候旁邊跳出一人，大笑曰：「莫急，莫慌，聽我一句話，管叫這大明王朝灰飛煙滅。」

也先細看說話的人，竟是朱祁鎮身邊的一個小太監，名叫喜寧，「你有何主意，可以毀滅大明王朝？」

「這事太簡單了！只要大王你聲稱送朱祁鎮回去，等到了城下，士兵們一擁入城，大砍大殺，城池豈不就是你的了？就這樣一座座城池拿到手，搞到最後，大明王朝還會存在嗎？」

「你不是朱祁鎮身邊的人嗎？怎麼會幫我們？」

「拜託！你要是正活蹦亂跳，青春年少，琢磨著月上柳梢頭，人約黃昏後的時候，突然被人逮住，照兩腿間喀嚓一刀，你說，恨不恨這幫王八蛋？」

「恨！恨不能千刀萬剮了他們！」也先連連點頭，當即用了喜寧之策，先取大同。

萬萬沒想到，守將郭登一眼就識破他們的詭計，非但不開城門，還悄悄地派出一支野鵝敢死隊，趁夜殺入瓦剌人大營，想把皇帝給搶回來。

見郭登難以對付，也先很生氣，又和喜寧商量一陣，乾脆率領鐵騎，沿途繞過關隘，直撲北京城而去。到了城下，哈哈大笑，「小兔兒乖乖，把門打開，你家皇上回來了！」

話音一落，就聽吱呀嘎咕嘎的聲音響起，巨大的城門，果眞緩慢地敞開。

「殺啊！與我衝啊！」

瓦剌鐵騎吶喊著衝進去，裡邊卻傳出一聲驚天動地的炮響，無數明軍彷彿自天而降，當先的一人，面目極其猙獰，手持一柄超大號的巨斧，只一斧，就把也先的親弟弟孛羅砍爲兩段。再一斧，又將他的另一個弟弟平章卯那孩剁得滿地腸子亂流，大吼一句：「丟你老母也先，識得我大將軍石亨嗎？」

石亨，明軍中最能打的將領，瓦剌人最恐懼的剋星。平時說起石亨，他們根本沒有膽子直呼其名，只敢叫石爺爺。如今有石爺爺守在北京，要想入城，可能性已經是零了。

也先快要氣死了，「你這個戰爭販子，肆意挑起爭端，破壞和平，以殘忍的手段殺害我的親弟弟！你你你……不想要你家的皇上了嗎？」

石享哈哈大笑，「真個缺心眼的原始人，我們大明朝什麼時候缺過皇上了？實話告訴你，今天我就是奉了皇上之命，來取你的頸上人頭。」

「皇上……不缺貨？」原始人的確被這個消息嚇呆了，「如此說來，你們不要朱祁鎮，又新立了一個皇帝？」

答對了！北京城下，大明帝國第七任皇帝，閃亮出場。

第 7 章

請叫我鬱悶帝王

可憐的景泰帝，皇帝當得也真是痛苦。剛剛坐到龍椅上，上一任皇帝朱祁鎮就回來了，天天趴在龍椅邊上看，滋味要多難受就有多難受，誰受得了？

大明帝國的第七任皇帝，出場的是何等突兀。

他老兄又是打哪裡冒出來的呢？

說起來，可就有點彆扭了。

想當初宣宗時代，漢王朱高煦起來鬧事，要求換屆選舉，推翻現任領導班子。朱瞻基大怒，遂御駕親征，傾國之力殺到樂安城下，朱高煦易妝爲農民工出城投降，於是亂局平定。

平定之後，朱瞻基進朱高煦的王府溜達溜達，忽然遇到一個侍女，當下怒從心頭起，惡向膽邊生……

等一下！他爲啥這麼生氣？

因爲那侍女是芙蓉如面柳如眉，秋水爲神玉爲骨，一笑傾人城，再笑傾人國，寧不知傾城與傾國，越看越上火。

當然要上火，怎能不上火？想那朱高煦，王府中養著如此絕色美女，人生還有什麼不滿足的？居然還要大鬧群體事件，是可忍，孰不可忍？

朱瞻基盛怒之下，招手叫那名美女，「過來過來，妳姓什麼？」

女孩子回答：「我姓魏。」

「魏什麼？」

「不爲什麼，我爹姓魏，我也就跟著姓魏。」

「妳這人……以後不要姓魏了，改姓吳，別人問的時候，妳說姓吳，櫻桃小嘴一呶，那豈不是美絕人寰？」

「行啊！你說什麼就是什麼，那我以後就姓吳了。」

「既然如此，妳愛不愛我？」

「除了那怪老頭朱高煦，你是我這輩子見到的第二個男人，我不愛你，還能愛誰？」

「愛我就好，來來來，讓我帶妳前往被愛情遺忘的角落，讓妳看一樣好東西，保證這輩子從沒見到過……」

就這樣，宣宗朱瞻基愛過姓吳的美女之後，食髓知味，愈發的歡喜，索性帶著她返回北京。回家後沒地方安置——說到底，她可是朱高煦府中的侍女，出身成份不好，便偷偷地安置在一幢四合院內。

沒過多久，吳美女生下一個小男孩，取名爲朱祁鈺。

孩子出生了，有必要爲他建一份歷史檔案。

• 姓名：朱祁鈺
• 出生：一四二八年
• 出生地：北京
• 生肖：猴
• 血型：不明
• 身高：一百七十六公分
• 體重：六十一公斤
• 相貌特徵：眉頭時刻緊鎖，長相極度鬱悶
• 特長：無
• 社會關係：

父親：宣宗朱瞻基
母親：吳氏
妻子：汪氏
有兒子一人

二十二歲：因為現任皇帝朱祁鎮為境外不法分子綁架，國失其主，在全國人民的一致要求之下，出任大明帝國第七任皇帝。同年，與境外不法犯子首領針對贖金展開談判，達成基本意向。

二十三歲：下崗皇帝朱祁鎮獲救，居於南宮。

二十四歲：立兒子朱見濟為太子。

二十五歲：太子卒。

三十歲：奪門事件發生，下崗皇帝在武清侯石亨等人的協助下，陰謀篡奪了國家政權。朱祁鈺被剝奪皇帝職務，貶為郕王，此後不久，鬱鬱而終。

看看這可憐的景泰帝，皇帝當得也真是痛苦。剛剛坐到龍椅上，上一任皇帝朱祁鎮就回來了，天天趴在龍椅邊上看，這滋味要多難受就有多難受，誰受得了？

真是奇怪，有這麼一個可怕的死對頭在身邊，為何不快點動手，打掉這夥能危及國家安全的野心家？最後反而讓人家趁虛而入，將自己徹底打到，到底是怎麼搞的？

說起這個問題，正所謂成也蕭何，敗也蕭何，都得歸結到一個人的身上。

此人爲誰？

名臣于謙。

第 8 章

人生的石灰哲學

于謙日夜地盼望，盼望國家趕緊倒大楣。不倒楣，又如何一個拯救法？一面期盼，一面讀書，很快中了進士，在同樣的職位上沒沒無聞堅守十九年……

于謙，這個名字可謂大名鼎鼎，近乎無人不知，無人不曉。許許多多的小朋友，都能負著雙手，背誦他的詩：「千錘百煉出深山，粉身碎骨只等閒……要留清白在人間。」

他是怎麼了，又是粉身碎骨，又是千錘百煉？

其實什麼事也沒有，不過是在他七歲的那一年，不幸遭遇到一個神秘的老和尚。那傢伙已經老到了不能再老，花白的鬍子拖在地上，一不小心踩上去，就要啪唧一聲摔個大馬趴。

可不嗎？瞧！老和尚走沒兩步，又跌倒了，正趴在地上手腳亂動地掙扎呢，突然瞥見七歲的小于謙蹲在旁邊，好奇地望過來，忍不住大驚曰：「你怎麼會在這裡？你可是注定要拯救國家的宰相啊！」

這句話，宛如一枚生了鏽的鋼釘，牢牢地釘進了于謙的心。從那一天起，他就日夜地盼望，盼望著這個國家趕緊倒大楣。不倒楣，又如何一個拯救法？

一面期盼國家倒楣，一面發奮讀書，很快金榜題名，中了進士。

先是做一個御史，主要工作職責是給幹活的人找麻煩，後來被提升為兵部右侍郎，而後在同樣的職位上沒沒無聞地堅守十九年，沒升過，也沒降過。不管怎麼看，好像都看不到讓他粉身碎骨的機會。

後來，瓦剌人鬧事，英宗朱祁鎮御駕親征，並爲境外不法分子劫持——于謙苦等一生的機會，終於來臨了！

朱祁鎮御駕親征前，吩咐同父異母的弟弟朱祁鈺監國，意思就是說，如果大家有什麼一時間解決不了的事情，就來找這傢伙。

皇帝被劫走，這事是肯定解決不了的，但還沒等他有所行動，後宮的孫太后已經斷然地採取了行動。

老太太心裡明鏡似的，怎麼說朱祁鎮跟自己都有著血緣關係，朱祁鈺卻是漢王朱高煦身邊的女人生的，與自己無關，所以當機立斷地立了朱祁鎮的兒子朱見深爲太子，不允許朱祁鈺那廝碰到龍椅的邊。

然而朱祁鈺也不傻，他本來沒什麼野心，儘管也算是皇族，是朱瞻基的親生骨血，但說到底，人家那一脈才是正宗，自己這邊最多算個黑五類，只有認眞改造的權利，沒有亂說亂動的資格。可是，忽然之間，居然已經監國了！那是什麼意思？甭研究監國是什麼意思，先召開個御前會議，過過皇帝的癮，應該沒問題吧？

他想。

萬萬沒想到，御前會議一召開，就發生了歷史上有名的群臣大暴動事件。

那時，朱祁鈺剛剛宣佈開會，就聽到所有與會人員大放嚎啕，呈上一模一樣的奏章，強烈要求立即將王振全家宰光光，男女老少都不留，若然是留下一個，所有人就不活了。

爲什麼這些人都要跟王振過不去？很簡單，因爲他奪了百官之權，又把事情給搞砸了，衆臣自然激憤，要討回這個公道。

朱祁鈺眼見在場所有人哭爹喊娘，鬧得實在不像話，就吩咐錦衣衛指揮使馬順，去抄王振的家。不想一聽這個命令，臣子們又嗚嗷嗚嗷地大鬧起來。

爲什麼呢？

錦衣衛馬順，跟王振可是交心換命的鐵哥們兒哪！除此之外，宮裡還有兩個太監，一個叫毛貴，另一個叫王長隨，此四人者，就是朝中有名的四人幫。

群臣一邊高呼著「打倒四人幫，人民得解放」的激昂口號，一邊湧上前來。朱祁鈺一看大夥要造反，大驚，說了句：「我去一趟洗手間……」躲得遠遠的。

眾人一擁而上，由給事中王竑帶頭，不由分說便揪住錦衣衛馬順，強拖到左順門，拳打腳踢，竟然把人給活活打死了。

打死了馬順，他們愈發瘋狂，聚眾洶洶，向著宮裡湧來，宮中的侍衛眼見不妙，拔出武器，準備大砍一番。

眼見要釀成重大傷亡了，不出名的于謙突然跳出來，登高一呼，勸大家冷靜，然後居中調度，一面央求大臣們先別動手，一面威脅朱祁鈺趕緊妥協。經過幾輪緊張的磋商，雙方終於達成協定，朱祁鈺命人將太監毛貴、王長順推到宮外，撕成碎塊，然後再讓臣子們蜂擁衝入王振的家中，將他家裡的女人孩子都活活咬死。

鬧騰夠了，這些大臣幸福地舔著唇邊的鮮血，相互商量說：「玩得倒是痛快了，可如果皇上他回來，肯定要秋後算帳的。我們若想平安無事，除非……」

商議妥當，再次囂鬧起來，強烈要求朱祁鈺登基爲帝，如果不答應這個要求，那就要接著殺人！這一次，可不保證殺的是誰哦！

歷史上，很少有哪個皇帝像朱祁鈺這樣，如此深得人心。萬般無奈，不好多推辭，他就笑瞇瞇地登了基，是爲景泰帝。而後先封英宗朱祁鎮爲太上皇，再封出力最多的于謙爲兵部尚書，負責打敗猖狂進攻的瓦剌人。

于謙哪裡曉得打架這事？幸好他腦子聰明，就去監獄裡轉了一圈，猛然省悟難怪大明帝國讓人家打得稀哩嘩啦，整整一牢房，關滿了最能打的戰將，比如大將石亨，這時正在裡頭逮蝨子呢！

石亨出馬，一個頂兩個，果將瓦剌侵略軍打得落花流水，狼狽而逃。此後，大明群臣緊密地團結在以景泰帝朱祁鈺爲核心的權力周圍，禦敵於國門之外，再也不需要英宗朱祁鎭這個槌子了。

朱祁鎭的苦難人生，就此展開。

第9章

斷背戰俘情

朱祁鎮身邊只留下了兩個人，其中一人叫袁彬，另一個叫哈銘。讓他感動的是，二人還真的對帝國和他忠心耿耿，不管到什麼地方，都是寸步不離。

只有落到了也先手中，淪爲任人宰割的俘虜，朱祁鎮的人生，才算是眞正開始。

在此之前，許多似是而非的人生大道理，始終無法在他的腦子裡形成明確的印象，因爲生命從未出現過波折，從未有過坎坷，所謂的成長，於他而言，根本就毫無必要。他始終是那個被父親朱瞻基放在膝頭的小男孩，天眞爛漫，沒有心機。

而今，被瓦剌騎士用彎刀架著脖頸，朱祁鎮恍然大悟：原來，這才是眞正的人生。唯有在刀口之下，你能切實感受到生命的脆弱。而最有益於思考的，莫過於親信喜寧的叛變。

這個喜寧兒，此前就像是一條哈巴狗，自己踢去一腳，他都要幸福得眼淚汪汪。眼見他突然露出猙獰嘴臉，要徹底將大明帝國摧毀，朱祁鎮總算豁然知曉，過往別人對自己的屈順與恭謹，不過是權力之下的無奈。實際上，他們的心裡，充滿了無邊的仇恨與怒火。

終於看懂了人心，卻是在付出如此慘烈代價之後。終於明白了人情世故，卻是在失去了一切以後。

朱祁鎮身邊的親隨統統被也先逮走，只給他留下了兩個人。其中一人叫袁彬，錦衣衛校尉。另一個叫哈銘，蒙古族人，父親原是大明的屬官，只因爲出使塞外，遭到扣留，被派來和袁彬一道照料倒楣的下崗皇帝。

讓朱祁鎮感動的是，袁彬與哈銘還真的對帝國和他忠心耿耿，不管到什麼地方，兩人都是寸步不離。

倘若遇到危險，袁彬就在前面牽馬，哈銘則貼身保護他。夜裡睡覺時，朱祁鎮凍得瑟瑟發抖，袁彬就抱著他，用自己的身體替他取暖——活到這麼大年紀，他還是頭一遭被個男人抱在懷中。

可以確信的是，這當口心中感受到的，只是一種令人動容的情誼，而非其他亂七八糟的東西。

總而言之，三人相依為命，流落天涯。

與此同時，小太監喜寧仍不停地動著腦筋，思考是否還有什麼更好的法子，能把大明帝國徹底搞死。

想著想著，突然之間靈光一閃，他跳起身來，有辦法了！狂奔著去找新老闆，「報告！我想到一個絕妙的好主意。咱們先奔寧夏，搶多多的戰馬，而後把軍隊全部改為騎兵，呼嘯一聲，帶著朱祁鎮這廝殺奔南京。攻下南京城後，就拿刀子逼著朱祁鎮登基，你看這主意如何？」

也先一聽大驚，「這條毒辣的計策，乃以前朱棣乘虛直搗南京的歷史重演。你這個死太監，怎麼想得出來？」

「毒嗎？還好而已。如果有誰把你的卵蛋喀嚓一刀，你也會用這樣的計策回敬他。」

「說得也是。那啥，把皇帝給老子叫過來，咱們開個小會，合計合計。」

朱祁鎮乖乖前來參加會議，聽了也先的話後，回說：「你這個想法……蠻好，很有技術含量，等我回去商量商量，再給答覆。」

「商量？找誰商量？」

「這你甭管。」

他出來後，找袁彬和哈銘商量。兩人雖然不懂政治，一聽也知道不妙，當即急道：「不可以！萬萬不可以！無論如何都不能夠答應。嗯，對了，陛下，你就跟他這麼說……那麼說……」

朱祁鎮再回來，道：「也先，你的建議非常的好，非常的有創意，我在這裡明確表態支持，希望你再接再厲，想出更好的辦法來。我的身體啊，其實不是那麼的堅硬，不說你也清楚，我爹才三十幾歲就死翹翹了，我琢磨自己也快了，再讓你弄到馬上，殺奔南京，我敢打賭，不等到地方，就得跟我爹一樣的死翹翹。就算不翹，可南京那些地方官，誰認得我是誰呢？你說，是不是啊？」

「是你個頭！」也先急了，「誰教給你的這番話，怎麼這麼有水準？」

喜寧在一邊提示，「肯定是跟在他身邊的袁彬和哈銘，我建議，立即幹掉他們兩個。」

「附議，幹掉他們倆吧！」

瓦剌騎士出動，殺氣騰騰地衝入戰俘營，要將袁彬並哈銘一併殺掉。千鈞一髮之際，朱祁鎮衝了出來，護在二人面前，「也先，我把話跟你說明白了！我落到今天這個地步，身邊再也沒有一個人了，只有這兩個人，他們不是我的臣子，不是我的部屬，是我的朋友。我不能眼看著你殺害我的朋友，如果非要動手，那好，過來，連我一塊殺掉！」

第10章

砸在手裡的肥肉票

北京派來一支慰問團，朱祁鎮見了放聲大哭。如此哭過一陣，他們就拍拍屁股回去了。什麼意思？也先很納悶，「喂！你們到底還要不要皇上？」

朱祁鎭的大義凜然，讓也先大爲吃驚，「皇上，還眞看不出來，你居然這麼夠哥們兒意思，爲了朋友，連自己的命都不肯要。行！今天就看在你的面子上，這事情算了，可我也把話說在前面，如果這兩傢伙再犯，你可別怪老子不跟你客氣。」下崗皇帝捨身救友，讓瓦剌人非常感動，袁彬和哈銘更不用說。但最感動的，還是朱祁鎭自己。

這時候的朱祁鎭，終於也看明白了自己：嗯，其實我不是個壞人，我也有顆柔軟的心，只是那宮牆綠瓦遮迷了視線，只是那美貌彩娥拖延了成長的步伐。另外，透過這件事，也摸到了也先的底線。那廝雖然兇悍，其實心裡還是敬畏我這個皇帝，得考慮強化我在他心裡的影響力……

正琢磨著，突然哈銘衝進來，「陛下，不得了了！剛才老袁一出門，就被兩個瓦剌人用布袋蒙著拖走了！」

什麼？大驚之餘，匆匆衝出屋門，跑到荒野裡，就見也先正指揮著幾個瓦剌騎士將袁彬從布袋裡拖出來，準備殺掉。

他急得大吼：「也先，你眼裡還有沒有我這個皇上？你要是不認我，乾脆連我一塊殺掉！」

也先訕訕地回答：「皇上，你看你，我不過是跟老袁開個玩笑，幹嘛急成這個樣子？你們快回去吧！」

三個人回來，袁彬流著淚控訴道：「陛下，這都是喜寧出的主意，他想幹掉我和老哈，好讓你皇上六神無主，任他擺弄。」

朱祁鎮拍著胸道：「老袁、老哈，你們兩個放心，只要我在，絕對不容許他們傷害你們。咱們哥仨不離不棄，生死不移，長命無衰絕，山無稜，江水竭，冬雷震震夏雨雪，乃敢與你們哥倆絕。」

袁彬搖頭，「陛下，我倒想，得琢磨個招，把喜寧這廝幹掉。要不然，這傢伙遲早還會……」

怎麼幹掉喜寧呢？

三人坐在一起，嘀咕了半宿，終於想出一個好法子。

隔了幾日，朱祁鎮去見也先，說道：「也先啊，咱們這樣拖下去不行，得抓住機會趕快跟北京那邊議和。以前你派出去的人，根本不瞭解北京的情況，辦不成事，乾脆我來推薦一個人選，就喜寧了，如何？要知道，他是宮裡出來的太監，最瞭解那邊的情況，我敢保證，讓他出馬，一個頂兩個，你覺得呢？」

也先是個憨厚的實在人，聽了直點頭，「小朱，你這個想法好，就這麼辦。」

臨到喜寧往北京議和前夕，朱祁鎮又推薦了一個叫高磐的士兵，讓他跟著一道走，同時偷偷寫了封密信，命他藏在身上。

兩人出發，不多時到了宣府，守將楊俊擺下宴席，請來使們喝酒。

高磐喝了幾杯後，猛然跳將起來，攔腰抱住喜寧，大叫道：「抓住他！快抓住他……」

衆人不明就裡，七手八腳，一擁而上，索性將二人一同抓住。

高磐不慌不忙地拿出朱祁鎮的書信，楊俊讀罷恍然大悟，當即命人將喜寧捆成粽子，押往京城。

翦除了喜寧這個死敵，朱祁鎮的處境頓時轉好，長舒一口氣，跟著便見北京派來了一支慰問團。

團長乃兩名低級官員，一個是禮部給事中李實，另一個是大理寺丞羅倚。這兩人，一個負責精神文明建設，另一個負責管理刑事檔案，居然給派到塞外來，目前朝廷對朱祁鎮的態度如何，不難想見。

見到他們，朱祁鎮放聲大哭，二人也哭。

如此哭過一陣，兩個小官就拍拍屁股回去了。

什麼意思？也先納悶了，「喂！你們到底還要不要皇上？」

小官們你看看我，我看看你，一句話也沒說，轉身離去。

「你們……這……有這麼辦事的嗎？把個皇上扔給我了，噢，看我老實，就讓我幫忙養啊？」

這時的也先，心裡充滿了悲憤與絕望。悔不該逮個皇上當肉票，如今人家打死也不贖回，怎麼辦呢？絕望之際，石破天驚，奇人楊善突兀出世，帶來了希望和生機……

第11章

未曾發明的秘密武器

楊善就琢磨了，要想改變自己的人生命運，就必須改變目前的政治格局，把眼前的利益結構徹底推翻打爛。如何推翻現有利益架構？答案只有一個……

世上有許多人，都有這樣一種痛苦——一生注定不過是個尋常百姓，卻懷抱著當皇帝的夢。景泰帝朱祁鈺的痛苦卻跟別人恰恰相反，分明已經坐在了龍椅之上，卻仍然是一個尋常百姓的思維。

追溯起來，該是做錯了一件事：打小就沒有野心，沒琢磨過當皇帝的事情。

要知道，與哥哥朱祁鎮相比，他的出身相當不好，母親是逆臣朱高煦家的侍女，在皇宮裡屬於正宗典型的黑五類。哥哥出生還不到五個月，就已經被立為太子，而他自打出生，母親對他耳提面命的，無非是安份守己，千萬不可想入非非，以免禍加自身。

誰料到風雲突變，土木堡開戰，皇宮一片混亂，他也就在這片混亂之中，稀裡糊塗地登基為帝了。

有一件事他從未想到過：帝王的思維，與普通百姓是完全不一樣的。

比如說，他現在坐在龍椅上，首先要做的事情，就是大喊大叫大吵大鬧，嚷嚷著去營救大哥。這樣做了，定然盡收天下之心，因這不唯是義務，還能突顯他的有情有義。

更加要緊的是，嚷嚷著營救朱祁鎮，肯定要導致一個後果——瓦剌人產生奇貨可居的心態，更加不肯釋放肉票。

所以，以帝王的思維來說，假使不希望朱祁鎮回來，最正確的做法就是嚷嚷著營救，越是吵嚷，人家就越是回不來。

不僅如此，還可以一邊嚷嚷，一邊將對方的親信全以營救不利為由，一個個地充軍流放，趁機提拔重用自己的親信死黨，就這麼搞上十年八年，帝王基業，穩如泰山矣。

可惜啊，朱祁鈺哪裡懂這個？

他仍然是以平民的思維出發，擔心哥哥回來之後跟自己爭權，因而在營救一事上表現得消極，甚至故意扯大家的後腿。

怎奈越是這麼個搞法，就越是容易激起臣屬的叛逆之心，總會有人看不下去，主動跳出來的。

瞧！這個人果然跳出來了，他是右都御史楊善。

楊善這個官，相當於如今的中央組織部副部長，重要的人事安排輪不到他，可如幹部任用上出現問題，倒是少不了要找他的麻煩。再者說，自打朱祁鈺出其不意地坐上龍椅，身邊的重要位置早已被名臣于謙等人迅速搶佔，他的反應稍微慢了那麼一點點，在景泰王朝裡，已經沒有機會了。

於是楊善就琢磨了，要想改變自己的人生命運，就必須改變目前的政治格局，把眼前這個利益結構徹底地推翻打爛。

如何推翻現有的利益架構？

答案只有一個：想辦法把英宗朱祁鎮弄回來。

但要迎回朱祁鎮，至少得過兩道關。

首先，在朝廷裡，最高領導人朱祁鈺就要跟你搗亂，甚至連差旅費都不肯支付。再者，瓦剌那邊也不是好對付的，搞得不好，不唯是英宗弄不回來，還要把自己給搭進去。

正因爲這樁差事不是那麼容易，所以別人全躲得遠遠的，楊善卻鐵了心。朱祁鈺，你不是不肯支借差旅費嗎？好辦，老子賣掉家產，焦土抗戰！

賣掉家產之後，他就出發了，很快到達瓦剌部落，受到了領導人也先的熱烈歡迎。然後，兩人坐下來聊天。這是一次嚴肅而亢長的外交對話，其核心內容，涉及到大明帝國的幾樁秘密武器。

楊善說：「老實講吧，我們知道你們若想侵犯中國，得騎馬翻山越嶺，我朝因此下令，在邊境上都釘上鐵鏤子，上面留小孔插鐵錐，馬蹄一旦踏上去，哈哈哈！後果如何？我不說你也知道。還有還有，現在我們的大炮，每次只能發射一枚石彈，殺傷力遠遠不足，所以呢，已經著手將石彈改為小型號，下一回再發射，呼啦啦鋪天蓋地一大片，讓你吃不了兜著走。還有還有，現在我們的箭頭上，已經塗抹了最厲害的毒藥，沾之則死，碰上就亡，要是活膩了的話，儘管過來吧！另外另外，我們的火槍也改進了，如今全是雙頭的，一槍兩眼，一箭雙雕，管叫你有來無回……唉呀！這些都是國家機密，你看我跟你說這些幹什麼？」

實際上，楊善說的那些秘密武器，壓根連一樁也沒有，大明帝國本來就不是會琢磨這事的國家，中華民族也不是喜歡研究武器的民族。可人家也先真正是個實在人，聞言嚇得目瞪口呆，心想：大明帝國果然了得，那還等什麼，我快點把英宗這廝放回去吧！留在手裡，遲早會帶來大麻煩……

於是乎，也先強烈請求無條件釋放朱祁鎮。

事情就這樣輕易地解決了，消息傳回到朝廷，景泰帝朱祁鈺驚得連嘴巴都合不攏。

照例，景泰帝的平民思維又發作起來，在迎回朱祁鎮的事件上處處找大家的麻煩，但最終，人還是平安回來了。一進北京城，就被軟禁在宣武門內的南宮中，享受孤獨而寂寞的人生。

第12章

神秘的人際規律

景泰帝產生了強烈的危機感，琢磨著廢掉朱祁鎮的兒子朱見深的太子之位，改立自己的兒子為太子。與之同時，遙遠的廣西出了一樁滅門大案。

朱祁鈺讓自己最不喜歡的一個太監阮浪去南宮服侍哥哥。這個阮浪實際上是越南僑胞，爲人耿直，朱祁鎮相當賞識，就把自己的繡袋和鍍金小刀送給了他。偏生阮浪太拿領導不當玩意，轉手就將這兩樣東西送給了以前的部下，現任皇城防衛使的王遙。

王遙這廝比較膚淺，喜歡在人前炫耀，結果讓同事盧忠和高平盯上了，都認爲這麼個傻傢伙，恰是一只可以踩著往上爬的階梯。於是合力灌醉他，偷出繡袋和鍍金小刀，飛奔了去報案，硬說英宗朱祁鎮要復辟。

實際上，英宗復辟的心是有的，可是這只繡袋和小刀，跟他的復辟眞的沒有絲毫關係。景泰帝朱祁鈺卻如臨大敵，逮來了阮浪，往死裡打，逼迫他承認朱祁鎮有復辟之事。

怎奈景泰帝終究是不會當皇帝，刑官嚴格不配合，硬說打不出口供來。打不出來也不要緊，只要堅持不懈地打下去，不愁打不出一個反動團夥。

朱祁鎮危險了！

豈料，就在這節骨眼上，突然發生一樁怪事。

那告密的盧忠，估計是因爲誣陷了朋友，導致了過於強大的心理壓力，精神居然突然崩潰，迅速地瘋掉了，光著身子滿街跑——這就對了！九成九光身子往外跑的精神病患者，都在試圖向這個世界表明：你看，我有多清白啊！

盧忠忽然發瘋，朝中群臣紛紛上奏，和景泰帝吵起來，都說這事不對頭，要求撤訴。

朱祁鈺感覺很失敗，命人將阮浪和王遙殺掉，這事就算過去了。

此事過後，景泰帝產生了更爲強烈的危機感，就琢磨著廢掉朱祁鎭的兒子朱見深的太子之位，改立自己的兒子爲太子。誰知大臣們不肯、內宮不答應就算了，最要命的是就連他的老婆都反對——靠！這廝到底是怎麼混的，居然硬生生弄了個衆叛親離？

與之同時，遙遠的廣西出了一樁滅門大案。

一天，思明土知府父子正好端端地在家裡睡覺，不曾想門外突然衝進來一群人，不由分說，上來就按住兩人，硬是把他們的骨頭拆碎了，然後裝進一只罐子裡，埋在了後院。

這夥歹徒殺人的時候，全沒有注意到附近躲著一個小書僮，將一切看得明明白白，原來這夥兇手不是別人，正是土知府的同父異母哥哥。

兄弟為什麼要自相殘殺呢？其實也沒太多的理由，就是那哥哥想讓自己的兒子來接弟弟的班。

看明白了嗎？在廣西這麼個小地方，又一輪兄弟爭位大戰，跟皇宮裡的朱祁鎮、朱祁鈺兄弟沒啥區別。

兇案發生後，小書僮狂奔去報案，當地迅速將此一案件上報朝廷。主謀者發現麻煩大了，遂一琢磨：我這裡是同父異母的兄弟，為了兒子殺人爭位，朝廷那邊的人際關係格局，恰跟這邊一模一樣，鐵定也有同樣的矛盾結構……

不得不說，這位深藏不露的小官員，真乃舉世罕匹的智者啊！純粹靠推理，就精準地把握了朝廷內部的主要矛盾，遠勝後世的許多史學家。

於是他斷定，現任皇帝朱祁鈺，肯定也和自己一樣，想讓兒子接班。那麼沒二話，趕緊寫奏章，強烈要求換太子。

奏章遞上去，朱祁鈺打開一看，頓時哭了，「想不到啊想不到！我還說咱們大明的忠臣是不是都絕種了，原來遠在千里之外。」

傳旨，赦免此人所有罪過，想殺誰就去殺，隨他的心思，再提拔為都督。然後召集群臣，商量換太子的事。

此時，衆臣的心思是說不出的痛苦。反對吧，惹火了新老闆，鐵定沒好果子吃。簽字表示支持吧，得罪了舊老闆不說，還得喪送一世清名。既然如此，乾脆閉上嘴巴，一聲不吭。

可不吭也沒用，總有幾個人想抓住機會，好好地表現表現，於是，在他們的全力配合下，易儲之事，總算是通過了。

終於讓兒子當上了太子，朱祁鈺舒舒服服往龍椅上一靠，正要喘口氣，卻聽一個奇怪的消息報來：「報告，太子死翹翹了！」

彷佛當頭一記悶棍，打得他搖搖欲墜。這個狗屁兒子，怎麼這樣不爭氣？老子費了九牛二虎之力才讓你當上太子，怎麼能說死就死呢？

明擺著，這孩子是故意死的，存心擺老爹一道。

新太子的暴死，如一隻擺動翅膀的蝴蝶，於大明王朝掀起了漸行漸大的風暴，最終，將景泰帝的時代徹底摧毀。

第13章

權力的蝴蝶效應

于謙不支持朱見深，道理很簡單，他當初帶頭擁立朱祁鈺，又曾支持立朱祁鈺的兒子為太子，為這對父子付出了如此之多，已經不可能再有別的選擇。

朱祁鈺易儲成功，太子卻突然暴死，引發一陣狂猛的波瀾。所有人先是爲這種不可思議的怪事驚呆，然後恍然大悟：天命烏龜！

啥叫天命烏龜？

是這個樣子的，大凡一個人殺人盈野，奪得天下，總是要宣稱：是歷史選擇了俺當皇帝，只有俺才能救國家。這個說法，沿襲日久，就變得文彩斐然，簡述爲天命有歸。

天命有歸，命中注定該當皇上，多少人攔都攔不住。

而今，在景泰帝朱祁鈺這裡，發生的狀況恰恰相反。無論他老兄怎樣使勁，擺明了這皇位寶座，與他的血脈就沒有關係，要不然，太子死那麼早幹什麼？

天命無歸，天命烏龜。

你都烏龜了，大家還怕你個卵？遂有大臣前仆後繼，繼往開來，飛蛾撲火，火中取粟，紛紛上書，要求立即恢復老太子朱見深的職務。

最早上表的是御史鍾同，這廝居然在奏章上公然宣稱：乃者太子薨逝，足知天命有在。

翻譯成白話，意思就是說：你個天命烏龜，快歇菜吧！

這邊等於是指著皇帝的鼻頭罵了，隨後跟上來的大臣章綸更不客氣。朱祁鈺的兒子剛剛死掉，費盡心機易儲，卻落個竹籃打水，原本正是悲憤之中，見此二人挑釁，勃然大怒，當即命人揪出去暴打。

眾臣一聽有屁股可打，大喜，一窩蜂地衝將上來，打頭的是一個新進士楊集，緊隨其後的是南京大理寺少卿廖莊。這些人挑明了態度，俺就是要跟你朱祁鈺過不去，有本事把老子打死！

打就打，誰怕誰！

朱祁鈺正喝令行刑，突然眼前發黑，撲通栽倒。再爬起來，只感到四肢乏力，冷汗直淌，原來是氣急交加，忽然病重。

景泰帝病重，恢復老太子朱見深的職位之爭，鬧得更兇了。這當口，能起決定性作用的，乃名臣于謙的態度。

于謙卻不支持朱見深，爲什麼呢？道理很簡單，他當初帶頭擁立朱祁鈺，又曾支持立朱祁鈺的兒子爲太子，爲這對父子付出了如此之多，已經不可能再有別的選擇了。

所以，于謙和內閣同僚們商量一陣，達成共識：朱見深既然已經被廢，就不應該再恢復，算他倒楣好了。非要另立太子不可，大家不妨去別的地方找找看，說不定能找出一個兩個來。

如此忠心，朱祁鈺甚感欣慰。

然而，大將軍石亨，也就是瓦剌人最害怕的石爺爺，絲毫感覺不到欣慰。冷眼看著文官們左折騰、右折騰，反正怎麼折騰也沒他的份。噢！合著不管立誰，都是你們的功勞，老子出生入死，只配在一邊提鞋擦屁股嗎？

憤怒之下，石亨找了都督張軏，太監曹吉祥等人，商量說：「與其讓他們瞎折騰，還不如咱們自己來折騰。我建議讓英宗朱祁鎮復辟，同意的舉手！」

在場人都表示同意，可這個陰謀小集團，只包括了軍方和內宮，缺少文官支持者，他們接著便去找大常卿許彬商議。

許彬道：「我已經老了，力不從心，不過，可以給你們推薦一個人。去找徐友貞，此事準成。」

徐友貞乃何許人也？

此人說起來就有意思了。徐友貞其實不該叫徐友貞，而是叫徐呈。當初英宗朱祁鎮被瓦剌恐怖分子劫持之時，他力主遷都，受到衆人的嘲笑，並被撤銷所有職務，勒令以後不許再爲官。

可作爲讀書人，不當官怎麼成啊？

他靈機一動，改名叫徐友貞，又重新混進了幹部隊伍，繼續興風作浪。此番眼見得石亨等人找來，自然大喜，連連點頭，「好！你們來得正好，這事咱們就幹啦！到時候聽我的，肯定沒問題。」

到了約定的日子，石亨帶了士兵，與太監曹吉祥、徐友貞等人會合，正要出發，忽見西南方向的夜空漫起一股黑氣，霎時便捲了過來，遮住星辰月亮，四周一片黑暗，伸手不見五指。

這是怎麼一回事？

天命有變！參與密謀的人都驚恐起來，石亨也嚇得不知所措，「看起來……老天爺好像投了反對票，要不咱們就算了吧？」

第14章

奪門之變

巨木抬來，哐哐哐幾聲，宮門被撞塌。眾人蜂擁而入，見朱祁鎮正在院子裡賞月——他早就知道有人要扶自己復辟了，從容問道：「諸位愛卿，此來何事？」

午夜行動，黑風猝起，嚇呆了所有的密謀者，幾乎人人都打了退堂鼓，甚至有人偷偷地轉身逃跑。

這時候，獨獨徐友貞淡定如常，說道：「事情已經如此，我等斷無後退之路，你們跟我來！」

眾人提心吊膽地跟在他後面，到得南宮門前。

這道門，門縫已經被銅汁給焊死，饒是朱祁鎮變成一隻老鼠，也鑽不出來，由此可見朱祁鈺是何等的沒品，並且欠缺常識。他難道不曉得，再怎樣堅固的門，也有辦法從外邊撞開？

就聽徐友貞下令：「抬巨木來，把門撞開！」

巨木抬來了，哐哐哐幾聲，接著是轟的一聲巨響，宮門被撞塌。眾人蜂擁而入，正見朱祁鎮正在院子裡賞月——他早就知道有人要扶自己復辟了，從容問道：「諸位愛卿，此來何事？」

大夥撲通跪倒，「有請陛下升殿，以慰天下人之願。」

跪拜完畢，徐友貞命人抬過登輦，請他登上去，讓士兵抬著走。

不想士兵們心裡害怕，說什麼也抬不起來。眼看再折騰下去，恐怕要把登輦弄翻，將朱祁鎮摔掉兩顆門牙在所難免，徐友貞急了，索性招呼大力士石亨，兩人合力一抬，匆匆出門。

出了門，朱祁鎮猛然想起一件事，「對了！你們都是誰啊？快點說名字，要不等到明天，恐怕我會忘光光。」

你看這傢伙糊塗的，連誰來扶他登基都弄不清楚。有趣的是，這也正是他的人格魅力之所在。他的成功，在於時時刻刻都對身邊人透露著一個訊息：我需要你，需要你們。

徐友貞等急忙報上姓名官職，朱祁鎮一一記下後，眾人繼續抬著登輦，如飛般趕至皇宮大門前。聽宮中侍衛喝令站住，他不失時機地站起來，向他們招手致意，「戰士們辛苦了。」

侍衛們急忙立正回答：「首長辛苦！」

趁這工夫，一夥人已經衝進大殿，飛搶龍椅。眼看著目標就在眼前了，忽聽一聲吶喊，把守在金殿兩側的金瓜武士蜂擁而出，不由分說，照著徐友貞的腦殼就是一瓜砸下。

危急時刻，朱祁鎮扯開嗓子大吼：「呔！沒有我太上皇的御旨，誰敢動手？」

金瓜武士呆怔之際，他已經閃電般把屁股放在了龍椅上，面露微笑，「你們大家，跪安吧。」

政變就這樣成功了。

分析政變成功的原因，徐友貞的淡定功不可沒。

要知道，陰謀小集團中的成員，俱各是不凡之輩，石亨乃軍方最具影響力的人物，堪稱大明第一戰將，其他人等，無一不是獨當一面的傑出之士。然而傑出歸傑出，政變這種活，大夥都是頭一次玩，缺乏足夠的經驗，應變能力明顯欠奉。

偏偏徐友貞這廝，好似天生的政變人才，每每大將軍石亨都害怕得牙齒打顫之時，他老兄卻是淡定自如，指揮若定。原本不過是找來湊數的，誰知關鍵時候，竟一躍成爲唯一的主心骨。

總而言之，大明帝國人才氾濫，連政變型人才都不缺。

卻說次日群臣入殿，驚見坐在龍椅上的皇帝已是朱祁鎭，除了伏地磕頭，也不能有其他選擇。大明帝國的第七任皇帝朱祁鈺，在病榻上聽說了這事，落下悲傷的眼淚。

他很快被打回原形，不久鬱悶而死。也有小道消息說，他是被一名太監活活勒死的。到底哪一個說法更準確，見仁見智了。

成功奪回帝位，下一步是大殺討厭的政敵，明臣于謙首當其衝。大家紛紛上奏，強烈要求把他千刀萬剮。罪名也好找，單只阻攔老太子朱見深復位，就足夠剮上他十幾次了。

朱祁鎮很清楚，這是在製造一起冤案。不過，冤案非要製造不可，否則，現在坐在龍椅上的自己，就缺乏足夠的合法性。

一四五七年二月十六日，于謙及大學士王文、六名大太監等人，一起於鬧市公開斬首。景泰帝時期的多名臣屬，統統被判充軍流放。

事情還沒完，下一個倒楣的，正是那曾經大出風頭的徐友貞……

盯上徐友貞的，是大將軍石亨和大太監曹吉祥。

這兩人盯上徐友貞，實在是盯得太對了。別人就算是想盯，也沒個理由，唯其二人，在奪門之變的過程中，眼睜睜地看著他老兄演主角，感覺自己好沒面子，自然要有看法。

光有看法是不夠的，還得有辦法。

那麼，有什麼辦法呢？

這個辦法最終讓曹吉祥想出來了。

太監想的辦法，絕對的太監化。他事先吩咐了小太監，埋伏在朱祁鎮身邊，把他與徐友貞的對話內容全部偷聽下來，然後四下裡散佈。

第15章

腦子有病就造反

曹欽發現自己的腦子真的有問題，明明什麼事也沒有，卻弄得好像什麼事都有。怎麼解釋呢？說腦子不靈光，別人是不會相信的，要不……乾脆造反吧！

朱祁鎮發現宮中的密議居然盡人皆知，很是生氣，下令追查，一查，所有的太監都作證說：「機密全是徐友貞散佈的，他這人的興趣就是四處散佈國家機密。」什麼？徐友貞竟然有這麼一個愛好？朱祁鎮氣壞了，從此不再搭理他。徐友貞卻對此懵懂不知，還每天樂顛顛地在內閣跑來跑去。

未過多久，內閣上本，彈劾石亨和曹吉祥，說他們橫行不法的諸多事蹟。石亨和曹吉祥探聽到消息，索性先發制人，哭訴內閣耍弄小手段。

朱祁鎮不曉得是眞不知道，還是假不知道，吩咐把內閣中的徐友貞、李賢等人帶來，詢問狀況。李賢表示自己的奏章內容全都是事實，他卻回道：「若是事實，爲什麼不早說？」有此一言，二人雙雙下獄。

卻不料，兩人剛進天牢，就見東北方向烏雲翻滾，電閃雷鳴，狂風裹脅著雞蛋大小的冰雹，不由分說，劈天蓋地砸下來。

當時朱祁鎮呆了半晌，喃喃道：「難道老天爺對我的處理方式有意見嗎？有意見你提啊，搞狂風冰雹的幹什麼？算了算了，徐友貞就流放好了。至於那個李賢……提拔重用吧！」

明擺著，朱祁鎮這廝對一切都心知肚明，只是借石亨並曹吉祥之手，將徐友貞趕出京城。放著一個政變天才在身邊，誰還能睡安穩覺？

徐友貞被清除了，接下來，輪到石亨。

朱祁鎮的態度突然轉冷，讓石亨說不出來的不適應，於是就對部屬們說：「大同的軍隊最是精銳，我侄子石彪就是大同的守將，如果我與他聯手，要取天下易如反掌。」

部屬童先聽了，非常激動，「那還等什麼？快點動手幹起來。」

「現在時機還不夠成熟，要等到所有的將領都換上我的人，到那時候，天下就是咱們的了。」

此後，石彪暗遣十幾人入京，欲與叔父合謀，不曾想朱祁鎮早就盯著他呢，當即將來人全部逮住，交給錦衣衛一頓暴打，打出全部口供，然後下令逮捕。

實際上，石亨說造反，只是圖嘴皮子上的痛快，他這人雖然作戰勇猛，但對於皇室，卻是非常的恐懼，聽聞事發，急忙請罪。

朱祁鎮趁機先捕石彪，不追究石亨。

一段日子過去，石亨忘了教訓，又四處跟人家亂說亂講起來。殊不知錦衣衛就蹲在他家的床底下，早把他說過的話，一句也不少地全報到上頭去。

這可怪不得朱祁鎮不客氣了，石亨被拿下，判處死罪。還沒等到上刑場，人就先在天牢裡鬱悶死了。

蹲在石亨床底下，搜集到謀反證據的那名錦衣衛，名叫逯杲。搞掉堂堂大將軍，意味著人生的巨大成就，但他沒有因此驕傲自滿，而是再接再厲，放遠目光，更上一層樓，盯上了大太監曹吉祥。

且說曹吉祥趕走徐友貞，眼見石亨死於大牢，情知自己在劫難逃，從此小心行事，閉門不出，只盼逃過災禍。爲防萬一，又把侄子曹欽叫來，囑咐他千萬要小心，不要落把柄於人。萬萬沒有想到，正是這句勸告惹了禍，原本平安無事的曹家，反倒因此弄出事情來。

曹欽聽了勸，回到自家，關起門來琢磨：我有沒有什麼把柄落在別人手裡呢？好像沒有，好像……唉呀！忽然之間想起一個名字：曹福來。

這個曹福來，本是曹欽的家奴，後來光榮地加入錦衣衛，做了一名百戶。因爲工作繁忙，經常到外地出差，誰也不清楚他在忙些什麼。不清楚就算了吧，可曹欽偏不，憑直覺，他認定曹福來是在從事對他不利的事。

怎麼解決這個子虛烏有的問題？

腦中靈光一閃，想出一個超級怪異的解決方案，叫來曹福來的老婆，讓她去衙門報告，就說自己的老公患了精神病，離家出走，不知下落。

曹欽的這個怪主意，大概是想先給曹福來扣上頂精神病的帽子，萬一他日後指控自己，可以說他有病，證詞不可靠。

彎子繞得如此之大，其間的邏輯又是如此的詭異，就算是沒事，也非得弄出事來不可。果然，錦衣衛逯杲聽說這事，大爲奇怪，心說老曹家這是搞什麼搞？一定有見不得人的勾當。看來，只要我找到失蹤的曹福來，一頓暴打，多半能夠弄清楚究竟。

打定主意，錦衣衛紛紛出動，滿世界去抓曹福來。

發現自己無事生非，果然弄出了事來，曹欽後悔得要死，一咬牙一跺腳，又幹下另一樁蠢事——自己先把曹福來找來，捉回家中，打了個半死。

錦衣衛逯軍越看這事越怪，最要命的是，御史們很快也聽說了這事，攪和進來上奏章。就連朱祁鎮都明確表態，對失蹤的曹福來表示高度關注。

全亂套了！

曹欽終於發現，自己的腦子眞的有問題，明明什麼事也沒有，卻弄得好像什麼事都有一樣。怎麼跟人家解釋呢？說腦子不靈光，別人是不會相信的，要不……要不乾脆造反吧！造起反來，估計就沒人注意到我的腦子有毛病了。

第16章

終成帝王大智慧

朱祁鎮淪為也先的俘虜時，袁彬幫助他渡過了人生最艱難的時刻，在最寒冷難耐的時候，甚至曾以自己的身體來替他取暖。如此恩德，理應幹掉。

正是安靜的凌晨時分，曹家大院突然傳出一片吶喊之聲，就見一群烏合之眾，在曹欽的帶領之下，殺奔錦衣衛逯杲的家中。恰逢逯杲穿戴利索，正要出門去上班，被這夥人一擁而上，當場砍得稀碎。

殺手團隨即又衝向幾個御史家中，將之一刀兩斷，而後殺奔長安門。發現這扇門不好攻打，曹欽下令放火燒，不信燒不開。

正燒之際，後面的官兵數千人殺來，他橫刀立馬，扭身大戰，忽然心念一轉，不如去攻打朝陽門。

此人腦子是眞的有問題，這節骨眼上，朝陽門難道會大敞四開？可他不管這麼多，殺到地方，發現門不開，轉又殺向安定門，見這扇門也關著，再轉向東直門、齊化門……不長工夫，內城九門，讓這廝攻打個遍。發現哪扇門也打不開，大怒之餘，乾脆掉頭回家，憤滿地罵：「都說我腦子進水，我今天就多灌一點水進去！」撲通一聲，投井自盡。

老太監曹吉祥可眞倒了血楣，明明沒他什麼事，卻要承擔全部的刑事責任，被推出去千刀萬剮。

搞掉了奪門之變中的所有功臣，而且手上沒有沾到一點血腥，朱祁鎮對自己的佩服，已經到達極點。

不服不行啊，全都是對手自尋死路，只有自己是明君——這，就叫做帝王的大智慧。

徹底成熟的他，馬上擬定了下一個目標：袁彬。

這是哪位？

別忘了朱祁鎮淪爲也先的俘虜時，身邊唯二的人，一是袁彬，另一位是蒙古人哈銘。他們不僅幫助他渡過了人生最艱難的時刻，在最寒冷難耐的時候，甚至曾以自己的身體來替他取暖。

如此恩德，理應幹掉。

不幹掉還怎麼辦？難道把萬里江山送去報答？

一碗米養個恩人，一斗米養個仇人。無法回報的情義，只能跟你不客氣。

怎麼個幹掉法呢？思路決定出路，辦法總比困難多，於是有錦衣衛跳了出來，強烈控告袁彬犯罪。

對此，英宗表示了最大程度的憤慨，不予理睬。

可是錦衣衛們太強勢了，告個沒完沒了，逼得他不得不流下眼淚，說：「你們必須還我一個活的袁彬。」

這句話，最深刻地表明了當時的密探政治景況，凡入詔獄者，有死而無生。錦衣衛考慮的從來不是你有什麼罪，而是該用什麼法子弄死你。對此，朱祁鎮比誰都清楚，終究是良心難安，因而道出這樣的一句話。

袁彬入詔獄，一陣子之後，果然被折騰得半死不活地回來了。朱祁鎮將他調到南京錦衣衛——眞搞笑，這廝竟然也當上了錦衣衛。

搞掉了所有必須搞掉的人，朱祁鎮總算可以全心全意當他的明君了。

傳令，釋放關押在冷宮中的建庶人。建庶人乃大明帝國第二任皇帝朱允炆的兒子，朱棣推翻建文帝的時候，他才只有二歲，眨眼工夫關到現在，已經關押了足足五十四年。

奇怪的是，當時居然有許多大臣堅決反對釋放他，也不知這些人是怎麼念的書，書都念到狗肚子裡去了？

建庶人釋放，實際上這個人放不放，對他來說都沒什麼意義。生命中的全部記憶，就是冷宮中的囚禁生活，如今來到外面的世界，心理遭受的衝擊空前強烈，大腦遭受的刺激過大，捱不到兩年就死了。

眞正讓朱祁鎮躋身於明君之列的，是他堅決地廢除了活人殉葬制度。從朱元璋的時代起，每一個皇帝死掉，都要拖著一大群年少貌美的妃子一同進墳墓，這種制度相當原始，而且一旦開始就很難終止。

朱祁鎮卻能明確地表態，自己死後，絕對不要任何一個女人殉葬，僅此一項功德，就不枉他來世上活一遭。

做完了這件大好事，朱祁鎮心滿意足地坐下來，左看看，右看看，還有事沒有？沒事，那我去死好了……他死於一四六四年正月，享年三十八歲。

• 更多精采內容在《明朝實在很爆笑下卷》，請繼續閱

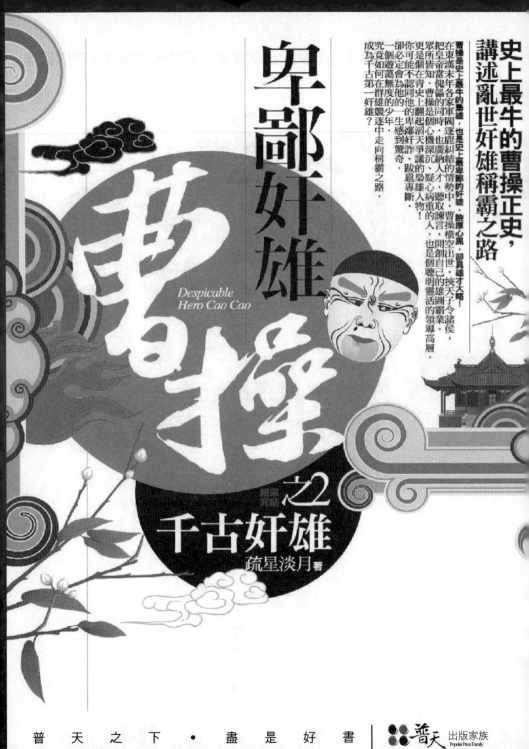

最生動幽默的漢朝歷史，輕鬆笑談大漢王朝四百年

漢朝是第一個由平民揭竿起義的王朝，
帶來歷史上頭一個盛世，還創造出許許多多的「第一次」！
第一次有被罵流氓無賴的平民當皇帝，
第一次外戚專擅，把人當成豬宰，第一次有皇后被廢，還不止一個，
第一次沙場名將被迫投降敵方，第一次中途被硬生生掐斷國祚，朝野風雲變色，
第一次有太監和士子互爭豪門，第一次軍士衝進宮砍人……
漢朝四百餘年歷史，出現許多名垂千古的英豪，
也出現許多前所未見的大事，成就一個偉大且特殊的王朝。

《那時漢朝》全新精修合訂版

Those things about Han Dynasty

漢朝那些事兒之項羽與劉邦

月望東山──著

普天 出版家族 Popular Press Family
http://www.popu.com.tw/

《加密的歷史：山海經大揭秘》
全新修訂典藏版
超乎想像的歷史解密，
揭穿上古時代不能說的秘密！
山海經
密碼
卷一
遠古密碼
霧滿攔江 著

《加密的歷史：山海經大揭秘》
全新修訂典藏版
超乎想像的歷史解密，
揭穿上古時代不能說的秘密！
山海經
密碼
卷二
黑色慾望
霧滿攔江 著
黑色慾望

《加密的歷史：山海經大揭秘》
全新修訂典藏版
超乎想像的歷史解密，
揭穿上古時代不能說的秘密！
山海經
密碼
卷三
歷史密隱
霧滿攔江 著

《加密的歷史：山海經大揭秘》
全新修訂典藏版
超乎想像的歷史解密，
揭穿上古時代不能說的秘密！
山海經
密碼
卷四
渾沌風情
精采完結
霧滿攔江 著

群星會

195

明朝實在很爆笑全集
上卷：孤狼王朝．蹊蹺帝王

作　　者　霧滿攔江
社　　長　陳維都
美術總監　黃聖文
編輯總監　王　凌
出 版 者　普天出版社
新北市汐止區康寧街 169 巷 25 號 6 樓
TEL / (02) 26921935 (代表號)
FAX / (02) 26959332
E-mail：popular.press@msa.hinet.net
http://www.popu.com.tw/
郵政劃撥 19091443 陳維都帳戶
總 經 銷　旭昇圖書有限公司
新北市中和區中山路二段 352 號 2F
TEL / (02) 22451480 (代表號)
FAX / (02) 22451479
E-mail：s1686688@ms31.hinet.net
法律顧問　西華律師事務所．黃憲男律師
電腦排版　巨新電腦排版有限公司
印製裝訂　久裕印刷事業有限公司
出 版 日　2020 (民 109) 年 7 月 第 1 版
ISBN◎978-986-389-727-9　條碼 9789863897279

國家圖書館出版品預行編目資料

明朝實在很爆笑全集 上卷
霧滿攔江著. —第 1 版. —：新北市, 普天
109.07 面； 公分. - (群星會；195)
ISBN◎978-986-389-727-9 (平裝)

普天之下・盡是好書

普天出版家族
Popular Press Family

凌雲文創
A-Plus Creative Company